幸福，

你可以选择

人生至高的幸福，便是感到自己有人爱；有人因为你是这个样子而爱你，有人不问你是什么样子则仍旧一心爱你。

浩晨·天宇◎编著

中国言实出版社

图书在版 编目(CIP)数据

幸福，你可以选择 / 浩晨·天宇编著. -- 北京 ：
中国言实出版社，2017.1
ISBN 978-7-5171-2174-9

Ⅰ．①幸… Ⅱ．①浩… Ⅲ．①幸福－通俗读物 Ⅳ．
①B82-49

中国版本图书馆CIP数据核字(2017)第007440号

责任编辑：宫媛媛
封面设计：浩　天

出版发行　中国言实出版社
　　地　　址：北京市朝阳区北苑路180号加利大厦5号楼105室
　　邮　　编：100101
　　编辑部：北京市海淀区北太平庄路甲1号
　　邮　　编：100088
　　电　　话：64924853（总编室）64924716（发行部）
　　网　　址：www.zgyscbs.cn
　　E-mail：yanshicbs@126.com
经　　销　新华书店
印　　刷　三河市天润建兴印务有限公司
版　　次　2017年2月第 1 版　2017年2月第 1 次印刷
规　　格　787毫米×1092毫米　1/16　印张15
字　　数　200千字
定　　价　39.80元　　　　ISBN 978-7-5171-2174-9

前　言

　　或许很多人都在追寻着幸福，然而，他们却从没有搞清楚，幸福到底是什么？正如卞之琳《断章》所写的那样："我们常常看到的风景是：一个人总在仰望和羡慕着别人的幸福，一回头，却发现自己正被别人仰望和羡慕着。"

　　有一个男孩子，从小生活在大山里面，每天清晨都赶着一群羊出门，等到晚上再吆喝着把羊群赶回家，日子过得虽算不上是丰衣足食，却也自得其乐。男孩子从来没想过要走到大山外面去，每当羊都在安静地吃草时，他就惬意地躺在草地上，望着头顶悠悠的白云，或者起身跑到不远的树林里摘一些新鲜的野果吃。

　　日子一天一天地过去，男孩子觉得这样的生活很幸福。直到有一天，一群山外人的到来，彻底改变了这个少年的想法。他们向他描述着外面的世界：宽宽的马路、高高的楼房、时髦的女郎，还有七彩的灯光。

　　这群人走后，男孩子再也不能像以前那样安分地放羊了，整日地托着下巴，幻想山外边的城市，还有城市里人们的生活。他越来越坚信：幸福就在山的外面，就在山的那一边。终于有一天，男孩

子踏上了通往山外的路。

山外边的世界是如此繁华而多彩，男孩子从心底里认为，这才是自己想要的幸福。

一年过去了，两年过去了……没完没了的工作和应酬，每天都拖着疲惫的身心回到家。

十年过去了，二十年过去了……没完没了的工作和应酬，每天都拖着疲惫的身心回到家。

终于有一天，一位老人整日地托着下巴，眯缝着老花眼，想起自己少年时在山里的生活。他感觉那时候的生活才是幸福的，幸福就在自己走出来的那座山里。

许多人都有这样的感受，仿佛幸福总是在山的那一边，遥远得犹如隔着远山的风景。其实，并不是我们的身边缺少幸福，只是因为我们的目光总爱盯着远处的地方。

其实，我们每个人都拥有着属于自己的幸福与快乐，只不过我们眼中常常看到的总是别人的幸福，而自己的幸福却不会被发觉。幸福其实一直就在我们身边，在我们的生活中，也在我们的心里。幸福是一种态度，只有我们学会了端正自己面对生活的心态，才能够真正地得到幸福。幸福也需要一种能力来获取，它与我们创造财富与成功的能力一样，是需要我们学习和积累的。

生活中我们难免会遇到这样那样的境遇与挫折，当然也会遇到很多美好与浪漫，不论是身处何地、何时、何境，我们都应该时刻

勇敢地面对生活，永远相信生活会幸福，坚信自己有着走向幸福的能力，大胆地向着幸福的方向前进。

我写这本书的初衷是想与更多的人分享关于幸福的意义，以及掌握幸福的方法与能力。我希望更多像我一样曾经迷惘的人们，能够在这本书中找到关于幸福的答案，改变自己的心态，从而也改变自己的生活，珍惜时间，珍惜生活所赋予我们的无限精彩与感动。不要因为自己的失误和无知而制造任何的遗憾与痛苦。学会发现身边的美好与幸福，拥有精彩而无悔的人生。我很激动，因为我给自己立下了这样一个对更多人有意义和好处的目标，这似乎成了我好长一段时间以来的一个使命。

而当我真正要写完这本"幸福宝典"的时候，我突然明白了，写作这本书的过程，其实对自己来说，也是个学习和成长的过程。我从未像现在这样喜爱自己目前拥有的生活，我能够按照自己的意愿去做一些事情。只要我愿意，我可以用自己如此喜欢的文字去创作，以此来表达我的喜悦，表达我的幸福，表达我对生活的挚爱。

此时我感谢父母给了我生命、爱人给予我足够的爱与呵护、朋友给予我友情、老师给予我教育、书本给予我知识，我也同样感谢社会，因为它让我在现实的磨砺中得到了成长。因为这所有的一切才使今天的我能够有机会与更多的人去分享一些东西，一本关于幸福的书。

真诚地希望这本书能够带给读者一些感悟和启发，让更多的人

拥抱生活，享受生命过程的美丽与快乐，而不要总是沉浸在痛苦中自我折磨，也折磨爱着我们的人。当我们懂得了幸福，并掌握了驾驭它的能力，幸福还会离我们很远吗？

幸福，你可以选择

目 录

第一章
关于幸福

目

录

第二章
幸福在哪儿

幸福，你可以选择

第三章
幸福的感觉

目

录

第四章
幸福在于态度

幸福，你可以选择

第五章
因为爱，所以幸福

目

录

第六章
幸福是相互的

幸福，你可以选择

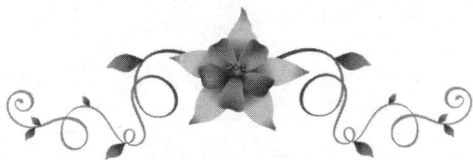

第一章
关于幸福

能把自己生命的终点和起点联络起来的人是
最幸福的人。

——[德]歌德

关于幸福

　　人的幸福包含了太多的因素，幸福不能够简单地停留在金钱与地位的衡量标准之上，人们没有道理以一个人拥有物质的多少来评定一个人内心的快乐与否，幸福是源自一个人内心的感受。只有我们自己才能够回答它的是与否，幸福不是别人给予的，更不是命运赐予给某人的幸运。那么，幸福到底是什么呢？希望每个在这个世界上寻找幸福的人，抽一点时间停下你疲惫的脚步，先静下来想一想，幸福的意义到底是什么？

　　科学共产主义的创始人、伟大的革命理论家马克思说："幸福是指人之所以为人的真理与自己同在时的心理状态，包括一切真实的事物、人性的道理、他人的生命，甚至动物的生命与自己同在，等等，是一种心理欲望得到满足时的状态，是一种持续时间较长的对生活的满足和感到生活有巨大乐趣并自然而然地希望持续久远的愉快心情。"

　　每个人一生最大的追求，除了成功，恐怕便是幸福。"幸福"两个字可谓是人们谈论最多的话题。你幸福吗？对于幸福的概念，每个人都有自己不同的理解。

　　有的人说，幸福就是拥有财富，我有了财富，想做什么，就去做什么，想买什么，就买什么，多幸福！有的人说，幸福就是每天都能

吃饱穿暖！还有人说，幸福就是和相爱的人白头到老！正所谓"一千个人中便有一千个哈姆雷特"。

2011年，全国"两会"期间，"幸福"的话题成了热点和焦点。有记者问政协委员："什么是幸福？如何看待'GDP减速，幸福提速'现象？"

政协委员詹国枢回答说："需求的满足就是幸福。人的需求，大体两类：一是物质，一是精神。物质之中，吃穿用住行，是最基本的。吃饱穿暖之后，对于用、住、行的要求，就会强烈。时代在发展，低层次幸福满足之后，群众会追求高层次幸福。"

政协常委、国务院参事蒋明麟说："幸福是个庞大复杂的话题，不同年龄、不同经历、不同受教育层次、不同世界观，都会影响人们对幸福的理解。幸福是满足人物质世界和精神世界的一种内心总体感觉，是人全面发展的要求。"

没错，对于幸福，大家的说法从未离开过主客观两大层面：一个是物质，另一个便是精神。

从客观角度来说，幸福是个体生存的一种状态，是个体的处境比较。人是生存在一个大环境中的，幸福离不开一个社会的经济发展水平。当前很多城市将幸福指数纳入经济发展的总体部署之中。

从主观角度来说，幸福是人的一种感受、一种看法。而且，更多的时候，人们是否感受到幸福，很大程度上取决于人的主观感受。也就是说，你是否体验到幸福，取决于你的人生态度、对个体的认识。如果你认为平安便是幸福，那么对你来说，一家人平平安安生活你就觉得很

幸福；如果你认为身体健康，没有疾病便是幸福，那么拥有一个健康的身体，你就感觉很幸福；如果你认为成就自己的一番事业便是幸福，那么，当你通过打拼拥有了自己的事业的时候，你就觉得很幸福。

据对美国家庭的一项调查显示，年收入达到7.5万美元的家庭，幸福感将达到最高值，但如果年收入高出7.5万美元，无论高多少，幸福感都不会再增加，甚至有可能减少。

因此，我们说，在一定的社会条件和社会背景下，一个人是否幸福并不是取决于他的名望、他的财富、他的地位，而是取决于他个人的主观感受，也就是一个人当下的意识对外界世界信息的判断和反馈。

六六在《蜗居》中写道，幸福就是筷头上的肉丝，即使只有那么一点，但是彼此的关爱，却是持久的，就像萨提亚让我们学会积攒温暖，传递温暖，当温暖萦绕心间，你就会明白快乐的真谛在于自己的内心……

幸福，在于一个人的内心，它是一个人的主观感觉。一个人是否幸福，要看这个人是否拥有和谐的内心，拥有正确的价值观念，拥有积极的思维方式。拥有这些，一个人无论处在如何恶劣的环境中，他都能体味到幸福和快乐，都能将当下的每个细节转换为幸福和快乐的源泉。否则，即使他拥有很多，也无法体味到幸福的味道。

一位著名的女性艺术家去西藏采风，到达西藏的一个地区，她住了下来，她发现当地非常穷困，藏民生活非常艰苦。女艺术家不禁潸然落泪。可是这些藏民似乎丝毫不觉得自己痛苦，他们开怀地歌唱，欢快而满足的笑由内而外地散发在他们的脸上。女艺术家住了一段时

间后，和当地的藏民也慢慢熟悉起来，当他们知道女艺术家35岁了却还没有结婚、没有自己的孩子时，这些被女艺术家同情的藏民反而开始觉得女艺术家很可怜。

幸福是内心的一种状态，内心的一种满足感。它不在于你拥有多少财富、拥有怎样富贵的生活，它植根于我们内心深处。当代著名《圣经》注释学家巴克莱博士曾指出：幸福的生活有三个不可缺少的因素：一是有希望，二是有事做，三是能爱人。

幸福就是这么简单，关键在于你如何去看待它，如何去感知它。

法国作家卢梭曾经说过："幸福是一种持久的状态，仿佛不是为世人而设的。世间万物都在连续不断地运动着。这种运动使任何事物都不可能具有固定的形式。我们周围的一切都在日新月异，我们自己也在变化更新，谁也不能保证自己明天仍将爱他今天所钟爱的一切。还是及时地从心理上的满足当中获得好处吧，切莫因自己的过失而丢开这种满足，但也别指望将它留住，因为那纯系痴心妄想。我很少见过幸福的人，也许一个也没见过，但我却常常见到一些心满意足的人。在曾打动过我的一些事情中，这是叫我感到满足的事情。我认为，这是各种感觉意识在我的内心情感中产生的一种自然结果。幸福并不具有外表的标志；要想认识它，就得看透一个幸福的人的内心世界，而满足感则是洋溢在眼睛、举止、声调和姿态中的，似乎可以传递给每一个目睹者。难道还有比看到整个民族沉浸在节日的那种狂欢里，看到一个人在迅速而热烈穿过人生迷雾的欢喜中笑逐颜开时的欢乐更甜美的吗？"

有所得却不知满足的人，恐怕世间没有什么能够让他幸福，他只会一直在自我欲望的海洋中挣扎；而生活中一份满足的心态，却能让人洋溢在幸福的海洋中。因此我们说，幸福并不在外面的世界，不在于你拥有什么，它植根于人们的内心，我们通过自己的努力满足了自身需要，便是幸福。

美国艾莫雷大学的精神病学家格里高利·伯恩斯（Gregory Berns）在《满足》（Satisfaction）一书中指出，相比快乐的感觉，满足感更容易让人感到幸福。因为在追寻乐土的过程中，人们容易患上"享乐适应症"。伯恩斯总结道："满足是一种感觉，它折射出人类的一种特殊需求——我们必须为自己的行为找到某种意义。生性开朗、生活富足、彩票中奖都会带来快乐，但人们只能有意识地去做某些事，才能获得满足感。正是这一点造就了今天的世界，人们能通过自己的行为赢得尊重和信任。"

没错，幸福的感觉在于内心的丰盈，在于自我追求、自我价值的实现中，在于需要得到满足时的欢愉中！物质享受可以给人带来一定的快乐，但是，当物质达到一定程度时，精神的需求便占据了主动。这时，一个人若是没有一个丰盈的内心，恐怕再多的物质也无法使他感到幸福。

对于幸福的定义，积极心理学之父马丁·塞利格曼也曾经说过："幸福包含三个不同的概念：第一是愉快的生活，第二是充实的生活，第三是有意义的生活。对自己所拥有的东西心存感激，对别人的慷慨赠与表示感谢，这比在银行有个大户头更能够创造深入、持久的

幸福快乐。"

幸福常常就在我们的身边。有的人幸福着自己的幸福，有的人却对身边的幸福视而不见，去追逐一些虚无缥缈的东西。法国雕塑艺术家罗丹曾说过："生活中不是缺少美，而是缺少发现美的眼睛。"同样的，我们生活中并非缺少幸福，而是缺少感受幸福的心灵。

很久很久以前，在一个美丽的王国里，住着一位小王子，他总是觉得自己不幸福，便瞒着国王和王后，独自出发去寻找自己的幸福。

"幸福是一只美丽的青鸟，它有着世界上最漂亮最耀眼的翅膀，最美妙最动听的歌喉。"王国里的大巫师告诉他，"你找到青鸟之后，只要把青鸟立刻关进黄金做成的笼子里，那么，你就会得到你想要的幸福。"小王子听了，带上特制的一个黄金的笼子，怀着美好的希望和向往便出发了。

一路上，小王子抓了很多只青色的鸟，可是，不知什么原因，每次他将鸟放进自己的黄金鸟笼一段时间后，鸟儿便无缘无故地死去了。小王子知道，自己抓的这些鸟，都不是自己的幸福青鸟。

小王子在外面找了一天又一天、一年又一年，他的幸福青鸟一直也没有出现。在外奔波了那么些年，他的黄金鸟笼变得旧了，不像之前那般泛着金光，他自己也已青春不再。他开始想念自己的亲人，于是便回到了自己曾经的王国。可是，王国早已物是人非。国王和王后在他离开王国后没多久，就因为过度的悲伤和思念而相继过世。

在荒凉的街头，小王子孤独、落寞地行走着，他忽然感到有人拉住了他的衣角，他驻足回头，那是一位白发苍苍的老人。"大巫

师！"小王子惊讶地叫出声来。老人望着小王子，说："王子，我对不起你，当初不该鼓励你去寻找幸福青鸟。"说着，老人竟然哽咽起来，他缓慢地从口袋里拿出一件东西，递给小王子，"这是国王及王后临终前要我交给你的东西，希望你好好珍藏。"

小王子从大巫师手中接过来一看，那是在自己很小的时候，父王为自己雕的一只小木鸟，小王子双眼含泪地将小木鸟紧紧地抱在胸前，懊悔的眼泪情不自禁地掉落。突然，他怀里的那只小木鸟动了起来，还叫出了声音。小王子惊呆了，然而，也就是在这一瞬间，那木鸟却挣脱小王子的双手，扑闪着翅膀飞走了。原来，这是一只幸福的青鸟，他本来一直陪伴在自己的身边，自己却从没在意过。可如今，他已经飞走了，他已经无法将这只幸福青鸟放进自己的黄金鸟笼。

你的幸福青鸟在哪里？很多时候，幸福就在我们的身边，它伫立于我们的肩头上，停落在我们的手心中，可是很多时候我们却将眼光放向别处，让脚步去追逐远方的那些并不存在的虚幻之物，就像故事中的小王子一样，忽视了身边最牢靠、最幸福的幸福。

一天，小猫咪问妈妈："妈妈，妈妈，幸福在哪里啊？"猫妈妈对小猫咪说："幸福就在你的尾巴上啊！"小猫咪听了，每天都追着自己的尾巴，可是怎么也追不到。它把自己的苦恼告诉妈妈。猫妈妈笑了，说："幸福就在你的尾巴上，你不用刻意地去追逐它，只要你每天快乐地生活，欢快地前行，幸福便自然而然地跟在你的身后！"

幸福就在我们的内心，在我们的身后，只要我们欢快地生活，幸福的尾巴就一直跟随着我们！

幸福在于包容

越是我们讨厌的，或许也正是我们最在乎的。假如生命不够完美，又或者生活没有给予我们足够完美的日子，那么我们更应该学会包容。包容的力量是伟大的，它可以改变我们最糟糕的心情，可以让一切变得看起来不那么让人难以忍受。

那么从今天开始，让我们包容不够新鲜的空气，包容不够舒畅的交通，包容不够可口的食物，包容不够富足的家庭，包容不够完美的爱人，包容你身边所有影响着你良好情绪的一切，因为包容别人会使我们更容易获得幸福。

我的一位同事曾经对我讲述过她的感想：

母亲在20岁的时候便嫁给了父亲，直到今天他们已经在一起渡过了40多个春秋。在我从小到大的记忆中，父亲与母亲从来都没有争吵过。他们的关系就像一条山间的小溪一样，淡淡的，清澈而朴实。年轻时我从没有真正理解和懂得过他们之间的那种爱情，在我看来父母的一生就像一杯白开水一样淡而乏味，对于人生与爱情他们似乎从来没有过任何的激情，他们的世界里只有工作和柴米油盐。我甚至怀疑过他们是否相爱，他们到底懂不懂爱情。记得自己还曾经对好友说过这样的话："以后我才不要过像我父母那样的生活，枯燥乏味得让人喘不过气来，他们从来没有体验过浪漫的幸福，这是个多美好和五

彩缤纷的世界啊，我一定要有轰轰烈烈的爱情、丰富多姿的生活，我一定要找到真正的幸福。"这话是在我20岁的时候与我最好的朋友讲的，如今我和她都已结了婚，有了自己的家庭和孩子。曾经对未来满脑子憧憬的我和她，在永远无法超越的现实面前，我们的青春与梦想都已流逝在岁月的长河中，剩下的只有些许的回忆，对于生活与理想，由最初的慷慨激情、愤然无畏，到不甘与无奈，最后是一点点的淡漠和坦然。

十几年的婚姻生活，我与先生之间的爱情由缠绵热烈到近乎毁灭，由愤怒不解互不相让到握手言和。生活早已不再是我最初想象的那个模样，有时我甚至不知道自己到底是为了什么而活着。十几年，我不知曾有多少次怀疑过自己当初的选择，怀疑过我与先生之间的爱。直到那个秋天我终于病倒在床，先生请了假到医院照顾我，我躺在先生特意为我订的整洁明亮的病房里，窗外天空中的云尤其高。

我十分不解，一直那么讨厌我花钱的人这次怎么这么主动地去"浪费"呢？先生是个十分节俭的人，他不喜欢把钱花在他认为没有必要的地方，十几年来因为我花钱的问题，他不止一次与我争吵过，这几乎成了我们之间爆发战争最多的根源。这次我病得虽然不轻，但是医生已讲过没有什么大碍，虽然需要静养观察，但也用不着要住这么贵的单间病房。正当我思考这个问题的时候，先生推门进了病房，怀里捧着一盆滴着水珠的粉色康乃馨，尽管心中有些不解，但此时我还是被先生的行为感动了，那一瞬间我仿佛回到了我们热恋时的岁月。我躺在床上闭着眼睛，先生没有发现我已醒了。我还是问了他一

个愚蠢的问题："你不是最喜欢守着你的钱吗？干嘛那么舍得让我住这么好的病房，还掏钱给我买花？"先生坐到了我的床边，只回答了一句："因为这对你康复有好处。"此时我的喉咙哽咽了，当我努力平息了情绪，睁开双眼，看到的却是床前好像突然变成了另外一个人的我的先生。在他已显苍老的身躯上根本看不到年轻时的活力与轻盈，就连他曾一直引以为荣的满头乌发也毫不留情地褪成了白色，我不仅随口问出："你的头发怎么白了那么多？"先生淡淡地回了我一句："噢！这几天没有顾得上染。"

或许是因为这容易令人伤感的秋季，或许是因为先生给我的感动，也或许是因为此刻我躺在病床上的无助，更或许是身体的休息让我的心灵也同样得到了一刻的静思，先生的这句话让我突然意识到，这么多年来，自己对他的关注已变得有多么的少，甚至不如家里养的一盆花。我真的不知道他是从何时开始染发的。这么多年，他的优点被我淡漠了，他的缺点被我一点点放大，我只记得了他对我的伤害与误解，我只记得了他到处乱丢东西，他总是因为我花钱而阴沉的脸。我只记得我为了孩子与家庭所有的放弃和付出，但我没有看到他也同样放弃了许多爱好与乐趣，我更没有看到他的辛苦和压力。直到此刻，直到我看见先生转过身，坐在床边，落到衣角的眼泪，我才突然明白了许多，其实他比我更脆弱。

那一刻我猛然想到了我的父亲与母亲，我突然觉得先生是那么的亲切，我是那么的幸福。我有一种想要拥抱先生的冲动，我想抱紧他对他再说一次十几年都不曾再说过的话，我想告诉他其实我是幸福

的，只是我一直都不知道这就是幸福。

但是，我没有说出口，我只是握住了先生温暖的大手，我在心里发誓，我一定要学会包容。因为十几年的时间他都没有因为我的坏脾气而嫌弃我，而我也没有因为他对我的种种伤害而离开他，因为我们对彼此都舍不下，因为我们相爱。

有人说，婚姻就是一对相爱的男女为了爱而相互妥协与包容的一个漫长之旅，我很感谢我的父亲与母亲用他们的爱，为我树立了最好的榜样。我也庆幸在我还不算年老的时候，我终于在生活的感悟中懂得了包容。

人生有时候就是这样，事实上生活已把最珍贵的东西摆在了你的面前，而贪婪的人们往往为了追求虚无的幻想而看不到身边人给予我们深厚的爱。越是我们深爱的，就越是要求得过于苛刻。其实真正的幸福不是骤然的狂风暴雨，也不是海枯石烂的永恒，它流于心间，像淡淡的泉水，宁静地流淌，滋养心田。

总之，包容并不等于懦弱或顺从，包容是因为爱。

第一章 关于幸福

幸福需要理解

相互理解是人与人之间相处过程中一种必须的态度，只有建立在相互理解的基础之上，人们的感情才会长久和甜美。

当工作中出现差错时，我们得到同事的理解，他们给予我们真诚的帮助，此时我们是幸福的。生活中与朋友相处，我们不可能永远面面俱到，当我们因为一些不得已的原因而伤害了朋友的感情，我们得到了朋友的理解。因为是朋友，所以他理解你的难处，此时，我们是幸福的。当我们恋爱时，总是希望能够给深爱的对方最美好的印象与生活，可是人无完人，我们总是有着这样那样的缺点和不足。但我们还是得到了恋人的理解与爱，此时，我们是幸福的。家庭是人们停靠的温馨港湾，但是矛盾在这里仍然普遍存在着，当我们与亲人争吵过后，得到了对方的谅解与拥抱，此时，我们是幸福的。

人与人之间的关系就如每个齿轮的咬合一样，两个齿轮的咬合度越高，彼此的凹凸配合越是默契，它们的使用寿命和工作效率也就越高。同样，人与人之间相处之时假如都能够站在对方的立场去考虑问题，理解别人的心意与困难，那么，这个世界将会有更多的和谐与快乐，我们会不断地向幸福前进。

特莉与西顿都是搞艺术工作的，特莉是学油画的，毕业后一直在自己搞创作，而西顿则是小有名气很有前景的音乐制作人和歌手。特

莉与西顿结婚时在近郊购置了一套还算可以的新房，房子是一个双拼的别墅，他们的房间是三层与四层，同幢楼里一二层住着的是一对老年夫妇和一条看上去很可爱的小狗。两个人为了更方便工作和生活，结婚后还能够给对方很好的个人空间去搞创作，他们在房间的三层，设计了两个完全独立的工作室，把卧室和生活空间完全放在了四层。他们非常喜欢顶层的露天平台，特莉与西顿想象着今后他们可以经常在上面看骄艳的日出和妩媚的晚霞。尽管房子不大，但是郊区的风景和空气都很好，房子附近的生活设施也很齐全，他们可以就近购买生活必须品，不用驾车到很远的市区，这为他们节约了很多的时间。

婚后蜜月旅行结束了，他们终于可以在属于自己的完美空间里愉快地生活了。蜜月是甜美而幸福的，尽管很快结束了，但新婚的幸福仍旧在他们全新的二人世界里继续着。时间在幸福面前总是过得很快，幸福也给他们的工作带来了巨大的好运。西顿创作的一张新唱片大卖，人们的反馈非常热烈。婚后西顿的事业可以说是蒸蒸日上，应酬也比以往任何时候都多了，各种宣传活动与行内的聚会让他忙得不可开交。而此时特莉又带给了西顿一个更好的消息，她怀孕了。当特莉满怀着幸福与憧憬把这个消息告诉西顿时，西顿的反应却深深地伤了特莉的心。西顿得知特莉怀孕的消息后，一点都没有表现出任何的喜悦，只是回了特莉一句："是吗？"就继续不停地与特莉谈论着自己那张大卖的新唱片和未来的事业前景。

特莉很伤心，她没有与西顿争吵的欲望，可此时西顿的电话又响了。她知道一定又是经纪人给他安排的什么活动，因为自从西顿新唱

片大卖之后，他就经常这样半夜里丢下自己一个人跑出去。西顿吻了一下特莉，丢下一句话："亲爱的，关于你怀孕的事，我会认真考虑的，但是现在我必须得出去了，你自己先睡吧！"

西顿选了一套帅气随意的衣服，跑到了楼下，特莉坐在空空的房间里，听着西顿远去的车轮声，特莉突然感觉自己的心空了。今夜好像不是自己与西顿暂时的分别，而仅仅是一个离别的开始。

这一晚特莉一夜没睡，而西顿直到第二天早上5点钟才从外面疲惫地回到家中。西顿以为妻子还没有醒，洗了个澡在房间的沙发上睡着了。当西顿睡醒后，他发现了妻子留给自己的一张纸条。

上面写着："亲爱的西顿：我一夜没有睡，想了许多，我想或许你已经不再爱我了，但我仍不相信我们的爱会消失得这么快。我很难过，你不喜欢我们的孩子，或许你还不想做一个父亲，或许你担心孩子会拖累你的事业，但是他是我们爱情的结晶，是属于我们两个人生命的延续。我不知道应该怎么跟你讲，我怀孕了，并且我想生下这个孩子，可我更担心我们之间的感情和未来，我不知道此时我应该怎么办。我给妈妈打了电话，告诉了她这个消息，她让我回家住一段时间，你照顾好自己，我走了。你的特莉！"

西顿看完特莉的留言，才突然想起昨晚妻子对自己说的话，她说她怀孕了。是的，特莉怀孕了，自己要当爸爸了，我为什么不高兴呢，我为什么什么都没有对特莉讲呢？我为什么反应那么冷淡呢？我没有不想要孩子，可我为什么对她说我要考虑一下，我考虑什么呢？我怎么可能不再爱特莉了，我是多么地爱你啊，我的宝贝。西顿忧心

忡忡地拨通了特莉母亲家里的电话，接电话的刚好是特莉。

西顿在电话里真诚地向特莉道了歉，特莉也很感动，两个人的误会很快消除了。特莉在母亲家住了一天，便被西顿接回了自己的家，两个人和好如初，还一起给未来的孩子起了名字。特莉每天都因为腹中胎儿的变化而感到激动和幸福。

几个月很快过去了，孩子终于出生了，而西顿也在生活的磨砺中迈出了理解特莉的第一步，有时候她更像是一个容易伤感的孩子。而妻子也终于理解了西顿拼命地工作正是因为对自己深深的爱。

西顿为了给自己妻子最好的生活，奋力地工作，甚至有些疯狂。他在繁忙的工作中逐渐地忽视了自己的妻子，不是因为不爱或者是有任何的变心，相反，是因为他太爱特莉了，但他却犯了一个巨大的错误。在西顿的心中特莉就是他的女神，从他第一次在海边见到拿着画笔像天使一样的特莉那一时刻起，他就彻底地爱上了她。而相识后愉快默契的相处和特莉的善解人意，使西顿从来没有怀疑过自己对特莉的爱，他觉得自己完全知道妻子喜欢什么，他也同样认为特莉也是了解自己的，他相信他们一定会成为世界上最幸福最浪漫的一对。他相信特莉与自己有着同样的梦想。结婚时他就下定决心，要努力地工作，给特莉最好的生活、更大的房子，他要带着她周游世界，让她享受公主般的待遇，让她成为世界上最幸福的女人。西顿时刻想象着这一天到来时特莉幸福的笑脸。西顿觉得只有那样的生活才配得上在他心里最美丽善良、最与众不同高贵的妻子。

可是特莉真的想要这些吗？有时候女人是非常喜欢物质所带来的

虚荣与享受，但是物质的拥有并不能够完全代表幸福，在平淡的幸福与空洞的物质之间，女人更希望得到幸福。西顿不想幸福吗？当然不是，他是个很有责任感的男人，他深爱着妻子，视妻子的幸福为自己的幸福。但他的行为却让特莉很伤心。这一切只是因为他没有了解妻子的心，没有了解妻子想要的真正的幸福到底是什么。男人与女人的思维方法与处事方法可能永远都无法达成一致，所以，生活中男人与女人之间，更应该多一些相互理解，理解对方越多，自己获得的幸福和快乐也就越多。

生活是很琐碎的，生活也是很复杂的，生活更是充满艰难与挑战的。生活中不论男人或女人都要承担着各自不同的角色并承担相应的责任与义务。或许我们因为相爱而成为了夫妻，或许我们因为血缘而成为了兄弟，或许我们因为缘分而在一起共事，或许我们是在马路上相遇互不相识的陌生人。不论我们是否相识，是怎么样的一种关系，我们都应该相互理解，理解会让生活变得轻松愉快，理解远比憎恨与误会更幸福。

所以说，理解不是单方面的主观意识与需求，理解应建立在双方相互体谅的基础之上。

幸福需要付出

有时候付出真的比得到还要更加快乐，伟大的母爱就见证了这个现象的真实存在。当然不止是母亲的爱，这个世界上所有的爱都在付出中体验着快乐与幸福。我们对别人付出爱，是因为我们内心情感的需要；我们对生活与事业付出努力，是因为我们心中有目标；我们付出而不强求回报，是因为我们拥有一颗平常心；我们不吝啬对别人给予我们所能给予的，因为给予时我们感到真实的快乐，因为我们懂得生命的美丽与珍贵。

有时候付出是一种得到，更是一种快乐，然而在日复一日现实而残酷、琐碎的生活中，人们总是不能够记得付出也是一种幸福。付出在实施的过程中被曲解后，人们就会产生一种心理不平衡感。付出不是简单的施舍与一味的给予，更不是表面上虚伪的敷衍，付出需要我们真心诚意，而不求回报。

人们总是把自己因为某些原因而不能够得到或放弃的事情，归结在别人的头上，无论是什么事情，人们往往首先想到的是自己的得失，而不去想一想爱本身就是需要付出的。如果一个不舍得对别人付出情感与爱的人，又怎么会真正得到永恒的幸福！无怨无悔的真心付出是一件快乐的事，在我们走向幸福之前，应该首先学会付出。

陈子明大学毕业后被分配到国家机关工作，刚刚到单位不久，他

第一章 关于幸福

便展露出让人瞩目的工作能力，深得领导的喜爱与器重，很快被提升成了副科级干部。陈子明的母亲是一位善良而又非常有见识的女性，她望子成龙，希望儿子能在单位得到更好的发展。为了儿子的前途，她在儿子刚到单位不久的时候就嘱咐儿子，一定不能够在自己所在的单位找女朋友，因为那样一定会耽误他的前途。可是，正如母亲所料，没过多久，陈子明喜欢上了单位的一个叫小露的女临时工。小露虽然长得很漂亮，但却没有很高的学历，可是陈子明无论怎么样，都没能克制住自己对小露的那份情感。因为小露很特别，除了清纯略带忧伤的美丽外表，她更有一颗十分上进的心，虽然因为家境原因而中途辍学，但她却十分喜欢读书，总是在工作之余看许多许多的书。

在陈子明的追求下小露没能拒绝不期而至的爱情，两个人终于走到了一起。从那个飘雨的夏日开始，直到空中飘落的小雨变成了白白的雪花，爱情之花在他们之间开放了。尽管陈子明是家里的独生子，一直都不懂得关心照顾别人的他，却对小露照顾有加，呵护得无微不至。可是，这种甜蜜的幸福持续的时间并不是很长，当他们的爱情被单位的领导知道后，陈子明就再也没能够瞒住自己的母亲。从此陈子明在单位与母亲的压力下陷入了痛苦的挣扎之中。他不愿意单位的领导误解自己的为人，也不想让母亲生气担忧，可他更不会让小露伤心落泪。就这样陈子明扛着重重的压力，总是在睡梦中因为梦到小露的离开而哭着醒来。即使是这样的痛苦，他始终没有放弃对小露的爱与责任，他鼓励小露继续上学，勇敢地追求自己的理想。就这样小露在陈子明的支持下辞去了工作，继续求学。在陈子明的努力下，善良的

母亲也接受了小露。小露很顺利地考上了当地的一所职业学校。陈子明一边工作，一边供小露上学。小露漫长而又短暂的学习生活开始了，陈子明看着她一步步朝着自己的理想迈进着。由于陈子明对小露真诚的爱，他们两个人的爱情终于也被单位的领导接受了，单位的人不再像以前那样说他们两人的闲话，批评陈子明的作风问题了，此时相信了陈子明对小露有着真诚的爱。

一天，单位一位年长的同事，与陈子明聊到了小露，同事问陈子明："子明，你现在支持小露去上学，难道不怕把她供出去后，她甩了你吗？你怎么知道她真的想嫁给你？万一她只是在利用你，到时你不是人财两空吗？"陈子明沉思了一下，轻轻地答道："不怕，她不是那种人。即使她因为爱上了别人而与我分手，我也不会后悔，只要她能够幸福就行。"

就这样，三年的求学生活，在陈子明的支持与鼓励下，小露终于毕业了。小露，毕业后找到了一份自己喜欢的工作，两个人终于走向了婚姻的殿堂，不久生下了一个可爱的儿子，过着幸福的生活。

在陈子明的爱的呵护与支持下，小露弥补了一生中最大的遗憾，同时还拥有了最幸福的婚姻。小露是个幸运的女孩子，也是个懂得珍惜的女孩儿，她遇到了一个优秀而善良的陈子明。陈子明用自己真诚的爱，感动了所有人，换来了母亲与单位领导对他爱情的祝福，他更用自己不求回报的真心付出为小露与自己的人生换取了幸福。

但我们假设，如果陈子明的同事说的话成了现实，小露最后没有嫁给陈子明，我相信，那也一定是小露的不幸，因为有一份最真诚

的爱摆在了她的面前，而她却不懂得去珍惜。而对于陈子明，虽然结局会是一种痛苦，可是最终他一定会为自己曾经的付出而感到释然。至少他不会留有任何的遗憾，因为自己曾经为了爱情而真心地付出和努力过，即使对方因为任何原因而没有选择自己，即使痛苦是一种必然，但至少陈子明不会为过去的行为而后悔。

生活中有太多的人，都曾因为不懂得付出而丢失了拥有的爱情。男人女人们往往会在相爱时还不忘记相互计算一下，谁爱谁多一些，谁对谁更好一些，难道用斤两计量着付出的爱情，会得到真正的幸福吗？世间不论是哪一种感情，如果你抱着想要得到什么的前提去对别人给予的时候，那这种感情就会变得不再纯粹和恒久了。

有一种收获是痛苦，有一种幸福叫付出。幸福其实是一种付出，当你能够为了一个人的欢笑，真心付出而不去计较得与失的时候，你一定是幸福的。

幸福是真心赞美

当我们真心赞美别人或得到别人真心赞美的时候，我们便是最美丽最幸福的人。懂得赞美别人是一种美德，一个不会赞美别人的人，生活中会丢失很多快乐，甚至会因此而远离幸福。

真心的赞美是快乐的，真心赞美是人与人之间最好的沟通方式，赞美能使我们获得无比幸福的力量。当我们每天清晨起床，就应该首先说一句赞美的话，我们可以赞美爱人的可爱睡姿，我们可以赞美爱人早起准备的可口饭菜；走出房间我们可以赞美天气的宜人，进入办公室，我们可以赞美同事的合体穿着。总之，让我们从每一天的开始就真心地赞美一切值得赞美的事物，我们就一定会快乐。如果不信你可以尝试一天，体验一下效果如何？

记得关于爱情和婚姻有一种说法叫做"三年之痛，七年之痒"。我曾经对这句话的表面理解是，情侣或夫妻两个人在一起生活到一定时间，会产生一种相互厌倦的情绪，而罪过都是因为我们无法超越和控制的时间。可事实上，夫妻生活的乏味和濒临崩溃决不能够仅仅归结给时间。

大多数时候人们可能从小就会接受来自父母或老师这样的教导，要学会与朋友或同学相处，可是当我们长大成人后，却很少有人指导我们如何去与爱人相处。我们很少赞美自己的爱人，或者你会觉得每

天在一起相处实在是没有什么可以让你赞美的地方，对于爱人我们总是吝啬一句真心的赞美。因为我们很少会注意与自己爱人的沟通技巧，觉得对爱刻意的赞美会让彼此之间的关系显得疏远和肉麻，甚至有人觉得这完全没有必要。然而，真的是这样吗？想一想如果你能够经常得到爱人真心的赞美，那你还会觉得他或她不够在乎你，还会经常有失落感吗？

陈晨与老公佳豪都在电视台工作，都是电视节目主持人，恋爱四年，结婚六年，在一起相处了整整十年的岁月。十年中，两个人从热恋到结婚，在感情的路上经历了激情，也曾有淡漠与波澜，但最后还是携手走到了如今的默契相知，由相爱到疑惑，由疑惑到豁然的领悟。他们的路还很长，幸福还需要他们用心努力去经营和守候。

我们知道对于从事艺术工作的男人女人来说，因为摆在他们面前的诱惑太多，所以在情感上他们往往比从事其他工作的人更容易有变迁。陈晨与老公从相恋到结婚走过了近十年的岁月，他们有什么样的相处秘诀吗？

那是一个盛夏周末的夜晚，在北京一所著名的传媒大学校园里，一位长相清秀、双眸含情的大一女生走入了佳豪的视线。他不禁注目了许久，两个人目光相对的那一瞬间恰好被旁边的师弟看到了。"怎么师哥要不要我给你介绍一下啊，那可是二班的1号美女啊，追她的男生后面可有一个排啊！可是人家通通都不理。""是吗？我不需要你介绍。"佳豪就这样径直向那个女孩走了过去，站在她的面前轻轻地说了句："你好，我能认识眼前如此迷人的你吗？"佳豪的师弟以

幸福，你可以选择

为他一定会被女孩骂一通的，但结果是令人意想不到的，女孩竟没有被佳豪的鲁莽赞美吓到，还说了声"谢谢"！这个女孩便是陈晨。就这样佳豪在一次回母校的机会中遇到了自己的爱人，并与之相恋了三年。陈晨大学毕业后被分配到电视台做编导，而此时她也接到了佳豪送给自己的求婚戒指。新婚旅行是最为难忘的，幸福的生活终于在婚姻中以一种最为稳定的形式得以继续。

生活是现实的，婚姻生活更是点点滴滴的积累，对于追求事业的年轻人来说事业压力重重，佳豪比陈晨早工作三年，所以此时他的事业正处于向上爬的高峰期，出差加班……所有的一切还是导致了陈晨的失落，甚至不满。陈晨觉得佳豪自从结婚后越来越不关心自己，甚至于几乎很少多看自己一眼了，这让陈晨备感失落。对于刚刚参加工作的陈晨来说，台里的竞争也是非常激烈的，此时陈晨多希望能够得到老公的鼓励与支持。

陈晨是个聪明的女孩，更是个贤惠的好太太，她没有像大多数女人那样去指责老公，或者是耍小性子。陈晨终于等到了一个老公不加班的周末，对佳豪说："亲爱的，还记得我们是怎么认识的吗？""当然。""那你知道我为什么拒绝了那么多人的追求而接受了你吗？""知道啊，因为我比他们都优秀呗！""是啊，你知道吗？从我第一次见到你的时候我就觉得你是个很优秀的人。""那当然了！""那你知道我为什么嫁给你吗？""这个，当然是因为我们相爱了！""相爱是一个基础，更重要的原因是我觉得你是最懂得欣赏我的人，我永远都不会忘记我们第一次见面你对我那么真诚的赞

美。"

　　佳豪听到陈晨这么动情地回忆初次相识的情景，他的思绪也不由得被带到了三年多前，突然佳豪终于明白了陈晨的意思。他觉得自己最近确实很少关心自己的太太，记得就在昨天，陈晨兴致勃勃地为自己试穿刚买回来的一条裙子，而自己竟然连看都没看，就说了句"好"。佳豪轻轻地拥过陈晨，在她耳边真诚地说了句："对不起，我迷人的老婆，现在不仅仅迷人，还越来越聪明了。"

　　这就是佳豪与陈晨婚姻幸福的秘诀，相互真诚地赞美和欣赏，近十年的婚姻，即使争吵了，争吵过后他们都尽可能地在心中找寻对方的优点，就算是争吵过后不好意思当时说出口，但这能够令自己更早反省自己的过错，更快地原谅对方的错。每一对夫妻或情侣都有其不同的性格，也就会有不同的沟通方式，但真诚的赞美永远都会是双方相处最好的润滑剂。当我们听到爱人赞美自己时，或者是真心赞美爱人时，这时刻是一种无比的幸福。

　　世界上没有完全一模一样的人，或许每个人都不可能足够完美，但每个人身上都有别人没有的特点，每个人身上都有值得让人们赞美和欣赏的地方。

　　当我们与人交往时，首先应该学会以欣赏的眼光看待别人，学会包容别人的缺点和失误。当我们发现了一个人身上的闪光点时，我们更应该及时地表示赞美和喜欢。欣赏与赞美是我们融洽人际关系的法宝。

　　当情侣初恋时，会经常花前月下、卿卿我我，似乎再多的甜言蜜

语与赞美之词都不足以表达心中对彼此的爱意。可随着时间的推移，往日的恋人成了夫妻，两人之间就很少再有花前月下了，此时甚至连一句赞美之词都会吝啬给予了，生活中的相互批评、抱怨与指责逐渐代替了恋爱时的甜言蜜语。人们或许觉得结了婚就等于进入了爱情的保险箱，再也不必费心去赞美和讨好对方了，因此争吵，甚至会升级到打骂，婚姻也就真的成了"爱情的坟墓"。

在婚姻生活中，我们更不应该忽视对对方的欣赏和赞美，有一句俗话："良言一句三冬暖。"生活中不论是妻子还是丈夫都需要得到爱人的欣赏，尤其是妻子，更喜欢自己的丈夫能够看到自己身上的优点及美丽。"女为悦己者容"，女人的美丽和打扮，一切都是为了懂得欣赏她的那个人，没有一个妻子会厌烦丈夫对自己的赞美和欣赏。

如果一个正在厨房为家人的晚餐而忙碌的妻子，炒好菜后能够得到下班回来的丈夫一句赞美，那她即使天天都如此忙碌，也不会对此产生怨言。哪怕她心里明白你只不过是刻意在讨好她哄她开心，她甚至会觉得此刻自己是最幸福的，或许明天她还会更加用心地为丈夫准备晚餐。可是多数丈夫往往并不懂得赞美的艺术，他们总是把妻子的付出与辛劳看作是理所当然，似乎家务事就是妻子应尽的天经地义的责任。所以，即使妻子很辛苦地为他准备饭菜，他也很少会主动赞美一句，甚至还会对妻子做的饭菜挑三拣四。试想面对这样的状况，哪位妻子会对做饭保持永久的积极性呢？

如果一位丈夫在工作与事业上受到了限制和挫折，他一定会渴望得到妻子的支持与鼓励。而当丈夫在回到家将工作中的困难向妻子讲

的时候，妻子的态度也一定会对他起到至关重要的影响。假如是一个聪明智慧的妻子，她一定会用自己女性特有的温柔，帮助丈夫放松心情，排解压力，她会说："亲爱的老公，我相信你的能力，你是我心中最优秀的老公。"而妻子如此鼓励的话语也一定能够使丈夫勇敢地克服困难，走向成功。相反，如果妻子对此漠不关心，甚至再加上几句讥讽的话，这样不仅不能够帮助丈夫解决任何问题，而且还会伤害到丈夫的自尊心和彼此的感情。

事实上，夫妻之间的互相批评挑剔，只会使夫妻关系慢慢变得脆弱、冷淡。

真诚的赞美，不是虚伪的奉承，我们需要别人的赞美，更需要赞美别人，赞美是一种幸福。夫妻之间只有毫不吝惜地相互赞美，让彼此深刻感受到爱意与体贴，才会让婚姻在赞美声中走向成熟，永远向着幸福前进。

幸福是永远珍惜

在很久以前，曾有一只稚嫩的小海鸥，它毫无目标，看不清世间的险恶，只身在大海上空飞翔。

上帝看到了那么孤单幼小的它，便赐给了小海鸥一份珍贵的礼物。

就在一个清凉盛夏的夜晚，在骄美月光的照耀下，海鸥找到了一座美丽而富饶的海岛。当海鸥靠近海岛，海鸥第一次有了莫名的心跳，既紧张又兴奋。岛上到处都是一种最美丽的花，花的名字叫"爱"，那花香令海鸥淘醉痴迷。当海鸥走近海岛，便被海岛的伟岸与美丽深深吸引，海鸥不能自拔，那么情不自禁，就好像这里曾经就是它的家，而今生也注定不会错过一样。

时间过得好快，海鸥与海岛如胶似漆地相处着。小海鸥停留在海岛温暖的怀抱中，忘记了海边的寒风，也忘记所有的恐惧；海岛宠爱着这只无知的小海鸥，用心轻轻地呵护着它，为它细数着一个又一个人生中的第一次体验。就这样海鸥一天天地长大。然而，小海鸥在练习飞行的时候离海岛的距离，一次比一次远了，海岛很担心它。一天它与小海鸥聊天，小海鸥问海岛："亲爱的，你对我这么好，你对我有什么期望吗？"海岛静静地对小海鸥说："你是一个善良勤劳的孩子，我只希望有一天你不要学坏。"就这样，小海鸥在海岛的鼓励与

第一章 关于幸福

呵护下，完成了一次又一次的飞行，而小海鸥停留在天空的时间也变得一次比一次久了。

海岛静静地看着小海鸥的变化，可是它知道自己不能改变什么。小海鸥是有翅膀的，如果想要给它快乐，就一定要让它飞翔，自己没有理由用"爱"把小海鸥禁锢。终于小海鸥在海岛上吃饱后飞远了，而这一次却成了长久的离别。海岛望着远去的小海鸥，多想在它的身上系一根长长的永远不断的线，可它不能够。海岛期待小海鸥有一天能够归来，可小海鸥还是渐渐淡忘了海岛，在碧蓝的天空中它似乎早已不记得海岛上那醉人的花香。然而它不知道因为它的不知珍惜，上帝在它飞远后不久，便搬走了海岛。当小海鸥悔悟的时候，一切都不再可能是从前的样子了，因此小海鸥再也没有找到海岛，它失去了那份爱。

许多年过去了，小海鸥长大了，脱去了身上的稚嫩与青涩，变得成熟，开始懂得了爱。此时，它越来越懂得多年前海岛上的"爱"，小海鸥越来越思念海岛。这份思念经过岁月的洗涤，变得越来越浓。可是，小海鸥只能在无尽的思念中到梦里去回味海岛的点点滴滴。小海鸥有时也会默默地在内心祈祷，它希望上帝能再给自己一个机会，希望还能重回海岛的怀抱，哪怕只有一次。

所以，人应该在拥有的时候学会珍惜眼前的所有，这世间就会少有许多的遗憾。

一个懂得珍惜的人，就会拥有更多的幸福与快乐。相反，即使一个人拥有的再多，假如他不懂得珍惜，那么他也相当于一无所有，因

为在他拥有时，他无视于所拥有事物的价值，自然是无法体味到拥有时的幸福了。

其实，上帝对每个人都是公平的，假如他从一个人那里拿走了一些东西，那么上帝一定会想办法在其他的地方弥补给他。人们不应该因为自己的无知和愚蠢忽视了所拥有的幸福，而来指责上帝的不公。

当我们学会了珍惜，幸福就会降临在我们的世界，你会发现平时被你忽略的一切都变得那么美丽和重要，珍惜会让你瞬间成为最富有、最幸福的人。

或许你是一位被老公呵护有加的女人；或许你是一位被老婆关爱尊崇的男人；或许你把对方为自己付出的一切都视作了习以为常和理所应当；或许你从不曾用心地体味过爱人每天为了让你开心而付出的所有；或许这一切你平时不以为然的关爱，直到你失去时，才顿然感觉到它存的重要性。可是，我们能不能在失去前就学会好好珍惜呢？至少当我们失去时，不用再流下悔恨而没有任何意义的眼泪。

岁月的年轮慢慢地见证着小曼与江涛如花般烂漫的爱情从花开到花落，而留给两个人的除了满心的感伤与无奈，或许还有夜深时像咖啡般苦苦的回忆掺杂着些许遗憾。这段消亡的婚姻，给小曼与江涛都留下了一颗伤痕累累的心。然而，生活就是生活，经历的就永远都不可能再重新来过，放开手的就无法再追回。

深夜里江涛只开了床头的那盏小曼选的台灯，昏暗而微弱的灯光使得房间里更是填满了孤独。离婚时他曾以为自己是获得了解脱，可是在愤懑与绝望之后，江涛才顿然发现自己仍旧深爱着小曼。此时他

无法控制自己的思绪，任由记忆一点点地撩开曾经的往事。

　　江涛打了一杯水精心地浇着小曼一直养着的那几盆花，此时这些花因为两个人的分开也受到了重重的打击。与小曼离婚后，它们很少得到别人的照料，已经枯萎得接近死亡了。江涛想要救活它们，有很多瞬间，他都祈祷希望这花能够奇迹般地活过来，而似乎这也就可以预示他与小曼的爱情与婚姻可以重新复活。他想起了小曼一直以来都没能实现的愿望，她一直想要一个孩子，而他对此从来没有表示过任何的兴趣。江涛也不是不想要孩子，只是他总觉得自己还没有做好成为父亲的准备，这决不是因为自己不够爱小曼或者是有其他的想法和打算，他一定会跟小曼生个孩子的，只是不是现在。他想等到自己有足够的心理准备的时候再要。事到如今他才突然明白小曼为何一直说自己自私，的确他在要孩子这件事情上没有顾及到小曼的感受。他只想到了自己还没有准备好，但是有什么还没有准备好的呢？这是小曼问自己的问题，自己从来没有给小曼一个确切的答案。不是自己想隐瞒什么，只是自己讲不清楚。而此时他终于鼓足了勇气，面对自己的内心世界，他承认自己的确很自私，说到底他不想承担更多的责任，他觉得生孩子养孩子要比结婚更加麻烦。是啊！如果那次小曼怀孕后，自己能够多关心一下她，能够勇敢地面对作为一个男人的责任，小曼也许就不会流产，也许他们就不会走到今天这一步。

　　"江涛，你真的爱我吗？"

　　"你为什么总是问我这么愚蠢的问题，不爱你，我干嘛要娶你？"

"是，或许结婚时你是爱我的，可我问的是现在。"

"我不想说了，我明天要上班，关灯睡觉。"

小曼，还是把灯关了，但是江涛能感觉到，小曼因为伤心而僵硬、轻轻抽搐的身体，小曼一定是哭了，江涛没有做出反应去安慰小曼。自从跟小曼结婚后，不知从什么时候起这个女人变得越来越不可理喻，他想不通女人为什么总是有那么多无聊的问题，似乎不找一些话题用来吵架她就过不舒坦似的。

江涛这天特别的忙，他的这个组刚刚因为工作效率的问题被领导批评了一通，办公室的电话响了起来，同事接起电话说：

"江涛，你老婆找你。"

"噢，谢谢啊！"

"喂！上班时间干嘛打电话啊？"

"我不舒服，肚子特别疼，我想让你陪我去医院检查一下。"

"你不是经常肚子疼吗？喝点热水就好了。以后别没事打我办公室电话，有急事打我手机。"

"你手机关机了，我打不通啊！"

"行了行了，我正忙着呢，我挂了。"

小曼平时确实在每个月那几天特殊的日子里，肚子都会疼一两天，可是这一次小曼来月经的日子已经过了快一个月了。因为总是偶尔感觉肚子隐隐的有些胀痛，小曼一直以为这是身体快来月经的一种反应。可今天的这种疼痛是自己以前从来没有过的，她感觉有些不对劲，几秒钟就出了一身的冷汗。

疼痛一阵接着一阵，她坚持上完了最后一节课，那种无法忍受的疼又来了，她有些害怕了。此刻，小曼特别希望江涛能够陪在自己的身边。其实每个月自己肚子疼的那几天，小曼也都特别希望江涛能够多陪陪自己，能够表示一下对自己的关心与呵护，就像是恋爱时一样，多关注一下自己，可是江涛对于自己的疼痛似乎从来就没有真正在意过。

时间久了，一年两年，小曼已经习惯了，她知道即使是自己身体再难受，或者是心里有再多不开心的事，也没必要跟他讲。因为讲了也是白讲，江涛不会有任何反应。小曼已经慢慢开始适应了独自承受生活中的好多的痛苦与不快。比如每个月的肚子疼，小曼开始知道给自己买个热水袋，或者备些红糖在家里，或者在特殊的日子里注意一下自己的饮食，不吃凉的和辛辣的食物。

尽管她还会因为江涛在自己来月经的时候还吵着菜缺辣味而生气。尽管她多希望在夜晚疼痛难忍的时候江涛能倒杯热水端给自己，缓解一下疼痛，但这些只是每次疼痛来临时小曼的一种期望，到最后她觉得这种想法连期望都不算是，那只能算是一个梦想了。

这一切她没有对江涛讲过，她觉得有些话有些事是不能讲的，爱不是要求来的，爱应该是主动给予的。所以，她仍旧努力用心地以自己能够做到的方式关爱着江涛，给他做可口的饭菜，给他买舒适的内衣和体面不失品味的外衣。作为妻子她从没有让江涛操持过家里的一切事务，即便是做一次饭，打扫一次卫生。只有一点她没有忍受，也实在是无法让步，她不舒服的那几天里做菜时没有顺从江涛的口味，

不像平时那样放一些辣椒，起初江涛每次都会对此提出抗议，后来，小曼不知道是江涛明白了自己那几天做菜不放辣椒的原因，还是江涛懂得了抗议永远无效，总之有好长时间了，在小曼每个月不舒服的那几天，江涛都不怎么回家吃晚饭了。小曼没有问，她也不想问，不是小曼不关心江涛，比起让江涛回家吃饭，小曼现在更愿意自己一个人躺在床上，静静地等待那定期的疼痛快点过去，吃不吃饭已经没那么重要。江涛不回来吃，小曼也就不用再忍着疼痛去坚持做饭了。

　　小曼听着话筒里传出的嘟嘟声，那声音就好像是一首哀伤的歌儿，沉沉地由小曼的耳朵灌进她的大脑，像冰凉的海水一样直击小曼的心脏，继续向下沉、向下沉、向下沉，永无尽头地下沉着。此刻，那难忍的疼痛又来临了，它夺走了小曼内心痛苦的机会，将小曼的注意力转移到自己的身体上。

　　"小曼，你怎么了，脸都白了。"

　　一个办公室的小吴老师，下课回来看到小曼一脸的惨白，蜷缩着身体，卧在椅子边的地上。小吴喊来了另一位同事，两个人将小曼送到了学校附近的医院急诊室。小曼肚子的疼痛过去后恢复了清醒，她向医生讲述了自己身体的近况，医生建议她挂妇科先做个检查，结果正如医生判断的那样，小曼怀孕了。听到这个消息时小曼是很高兴的，结婚快三年了，她一直想要个孩子，有时会非常羡慕那些当了妈妈的同事，总是骄傲地讲自己的孩子怎么怎么可爱。当医生问小曼孩子要还是不要时，她竟然有些迟疑了。小曼不得不想起自己与江涛之间的感情，想起婚后近三年来的一切，她不禁开始没有信心能给孩子

一个安稳幸福的家。

"对不起，医生，我还没考虑好，我得跟家里人商量一下。"

"那好吧！在你考虑好之前，不能随便服用任何药品，会对胎儿有影响，你肚子出现这种疼痛是因为你子宫有炎症。你要尽快决定要不要这个孩子，然后我才能决定怎么处理。"

"好的，我今天回家就跟家人说，我想我很快就会做好决定的，谢谢您！"

小曼打开那扇每天都会进出的门，走进那个曾给了自己许多浪漫快乐与温暖的家。此时这个家里为什么会充满了那么多女人的哀怨？或许这就是婚姻，或许这就是人们所讲的围城吧。"婚姻是爱情的坟墓"，这句话小曼是早就知道的，从前这话离自己是那么的远，她从来不曾想到有一天自己的婚姻也会变成爱情的坟墓。她一直对自己充满了信心，她不会让爱情消失在婚姻里的，而现在的结果还是验证了这句该死的不知是谁对婚姻如此恶毒的诅咒！小曼觉得生活好沉重啊，尽管她想努力摆脱那些生活中的种种不快，可是心还是会伤。

生活太琐碎了，她顾及不过来，一切都无济于事。有些事根本无法控制，也不知道什么时候自己就触范了什么禁令，快乐还是在不知不觉中被凝固了。她觉得自己与江涛的爱情就像是在温水中逐渐被煮熟的两只青蛙。

晚饭的时间已经过了，小曼没有力气起床去做饭，她更不想打电话给江涛。小曼躺在床上直到房间由明亮到昏暗，再到被街灯照亮。小曼想起了不久前那个晚上，自己下了很大决心没有让江涛采取避孕

措施。或许是因为她感觉到自己的婚姻很危险，或许是自己害怕失去精心装扮起来的家，害怕失去江涛，害怕失去眼前的一切。总之，在那一刻她下了一个赌注，如果怀孕了她，就生下这个孩子，或许孩子可以改变自己的婚姻和生活。

门外终于传来了江涛拿钥匙开门的声音，江涛换了鞋，没有脱外衣，也没有洗手，直接走进了卧室，一头倒在床上，一语不发。小曼感觉得到江涛心情很不好，江涛总是这样，如果工作压力大或者是小曼因为什么事情而惹他不高兴，他从来不会直接就讲出来，而是要压抑一段时间，等到四五件事情积累到一起时再爆发出来。而爆发的对象也就只有小曼一个人。

"吃饭了吗？"

"吃什么吃啊？总在外面吃，哪有那么多的钱。"

"那，我给你做碗面吧？"

"我不想吃！"

江涛知道小曼不喜欢自己穿着外衣就往床上躺，但此时他是故意的，他就是想气气小曼，他就是想让小曼忍不住批评自己，然后他要与她大吵一架。他需要发泄，发泄自己对一切的种种不满，发泄可以让他缓解一下压力，他把这压力归结在小曼的身上。如果不是为了她，自己为什么要买这么贵的房子；如果不是她，自己为什么一定要努力拼命地赚钱。

江涛与小曼结婚时，为了给小曼一个理想的家，作为收入不高的公务员他还是在市中心的地段贷款买了一套价值不低的房子。结婚

这几年为了还房贷，几乎把他压得喘不过气来。而小曼在他看来永远都是满脑子浪漫不切实际的梦想，从来不曾体味一下自己还房贷的压力，挣的工资几乎是月月花光，一次房贷也没有帮自己还过。整天一大堆没用的生活习惯，回家第一件事要洗手，在家里不能穿外衣，经常批评自己的脚臭，江涛只觉得小曼变得越来越让自己无法忍受。那个惹人喜爱的女人不知道跑到哪里躲了起来，剩下的只有一个外壳和令人讨厌的婆妈的小曼。

小曼没有如江涛所愿，她起身到卫生间投了条湿毛巾，递给了江涛。

"你擦擦脸吧！"

"不用！"

小曼的心惴惴地疼，远远超出肚子疼所带给她的伤痛，但是她还是决定做最后的挣扎，或许怀孕的事可以让江涛心情好一点。小曼鼓足勇气，努力着使自己能够面带笑容。

"老公，我想跟你商量一件事，我今天去医院检查了，我怀孕了。"

"怀孕？"

"是的，我想生下这个孩子，不知道你喜欢男孩，还是女孩？"

"我没想过，你自己看着办吧！"

这一夜江涛没能把内心的火气发泄出来，或许是因为小曼怀孕的消息影响了他的心绪。总之，这之后的几天他都没有发过火，尽管还是被又要到期的房贷压得满脸的阴沉。而这一夜小曼感受到的房间与

整个世界就像死尸一样的宁静，直到她沉睡到梦中，痛苦才在她的内心有所缓解。

事情并没有结束，也没有按小曼所期望的那样发展，一周后小曼晕倒在课堂的讲桌前，孩子流产了。当江涛把她从医院接回家之后，她再一次感受到了房间里死尸一样的那种宁静。

江涛没有忘记小曼失去孩子后，看自己的那种眼神，就好像是自己谋杀了他们的孩子一样，那眼神中充满的竟然是无限的痛苦与仇恨。小曼一周后搬出了他们的家，留下了一张离婚协议书跟一封沾满泪水的信。

小曼走了，带走了对婚姻与爱情的满心憧憬，也带走了一颗伤痕累累的心。她需要独自找个地方疗伤，她努力地争取过幸福，可是她的努力永远就像是打向空气的拳头，没有任何的作用。

床上独自躺着的一个又一个夜晚，都让江涛无法不想到小曼过往的点点滴滴，房间里每一件物品都有小曼的痕迹。此时的江涛才发现自己关于小曼的有太多美好的记忆，而不知何时这些美好的东西都躲藏了起来，直到失去小曼后，直到今夜这一切都突然间跑了出来。现在江涛所能够记起的就只有小曼的种种美好，即使是小曼有缺点也是很正常的事，自己一样也有许多缺点。他后悔自己从前为什么不能够懂得珍惜摆在面前的幸福。可是，一切真的还可以重新再来一次吗？生活中有太多的悲欢离合，路就在我们每个人的脚下，最痛苦的事情不是痛失吾爱，最痛苦的事情是拥有时不知珍惜，而失去时才知道后悔，再痛莫过于后悔莫及。

假如这个故事的结局不是以离婚结束，假如让您来续写这段故事，那么小曼与江涛会有什么样的幸福婚姻呢？

江涛觉得小曼实在是一个可爱的女人，自从见到她的那一刻起，他就知道这女人注定要与自己的人生产生深厚的关系，那时他没敢奢想小曼会成为自己未来的老婆。可人与人之间的相识，冥冥中好像总是有所安排，江涛大学毕业后分配到市里的一个税务所，轻闲而淡淡的日子静静地从身边流过，那一年江涛刚满26岁，父母早已开始为他的婚事着急。

就在一个秋日周末的下午，单位附近的一个小咖啡馆里，小曼就像一朵盛夏的白荷花，带着悠悠的清雅的香气飘进了自己的视线。介绍人是父母托的一个远房亲戚，一位可亲的阿姨，她走在小曼的前面，满脸微笑地向江涛走了过来，而江涛却只看到了小曼，在那一瞬间他真的没有想到这位姑娘就是父母给自己介绍的对象。

"小江，等久了吧？"

"噢，陈阿姨，您好！我也刚到没多久。"

"来，我给你们先介绍一下，这个是江涛，在咱们市里的税务所上班。"

"你好，我叫小曼。"

"你好！小曼。"

真是一个醉人的秋日下午啊，小咖啡馆透明的玻璃窗分外的干净，阳光暖暖地穿过玻璃，照在江涛的身上，整个空气里时不时飘来对面小曼身上的清香。江涛根本记不得那个陈阿姨都说了些什么，也

幸福，你可以选择

- 40 -

不知道她是什么时间起身离开的，他只记住了那天小曼羞涩的微笑和她身上的清香。就这样，从这个秋日的下午开始，江涛与小曼恋爱了，在双方父母的催促下，他们幸福地走进了婚姻的殿堂……

珍惜是一种美德，它可以让我们懂得拥有的幸福，更可以减轻我们失去时的痛苦。只有懂得珍惜的人，才是真正会生活的人。幸福是永远珍惜。

第一章 关于幸福

幸福是一种态度

一个周末的下午，一位已经出嫁一年多的女儿，正在客厅里陪妈妈聊天。她看着妈妈明显衰老的面容上挂着那么安祥满足的微笑，不由得问道："妈妈，你觉得幸福吗？"

妈妈抬起头，坦然地答道："当然了，我很幸福。"

女儿满脸疑惑地看着妈妈："可是妈妈，幸福到底是什么呢？为什么我不能像您那样感觉到幸福呢？"

妈妈放下手中正在打着的毛衣，微笑着答道："幸福就是现在啊，幸福就是此时此刻我在打毛衣，你陪着我……"

讲到这里我不禁想起了一个广为流传的关于幸福的故事：有一天，小狗问妈妈："妈妈，幸福在哪里啊？"妈妈说："幸福就在你的尾巴上！"于是，小狗便试着追咬自己的尾巴。过了几天，小狗又问："妈妈，为什么我抓不住幸福呢？"妈妈笑着说："孩子，你不需要抓住幸福，只要你往前走，幸福就会一直跟着你的……"

这个故事中的狗妈妈教会了小狗一种相信幸福的信念，从此小狗一定会永远觉得幸福的，因为它知道幸福就在自己的尾巴上，一直跟着它。

然而，这个故事并没告诉我们幸福到底是什么，幸福是什么样子的，或许生活中我们很多人都想知道这个问题的答案。幸福是什么？

其实幸福就在我们的心中，可以是我们身边发生的任何事：对于一个婴儿来说，幸福就是躺在妈妈的怀里吃奶的时候。对于一个妻子来说幸福可以是收到丈夫礼物的时候，也可以是给丈夫送礼物的时候；或者是为丈夫倒一杯热水的时候，或者与丈夫相拥坐在沙发上一起看电视的时候。对于一位丈夫来说，幸福是妻子每天陪在自己身边，哪怕是整日的唠叨，只要心中有爱，这也是一种幸福。幸福是喝一杯茶，幸福是读一本好书，幸福是吃一顿美餐，幸福是我们做任何事情时，心无牵挂，一切都可以安然处之、尽情享受。幸福并不拘泥于一种形式与模样，幸福在我们生活中的每个角落。幸福其实就是我们心中的一种态度。如果你渴望幸福，你得到幸福，你就得学会发现幸福。其实它就在我们的身边，幸不幸福关键取决于我们对待事物的态度。

繁忙与紧张的生活节奏中，我们每个人的内心都是渴望幸福的，可有时候越是渴望的就越是难以拥有。不论我们在社会与生活中扮演什么样的角色，我们努力学习，努力奋斗，想要成功，其实这所有的一切都是为了实现理想与目标后能够更加幸福地生活。我们或许是正值青春年少，或许已年近中年，当有一天我们静下来回望自己人生的时候，或许会发现幸福离我们已越来越远了。

那么，又是什么原因使人们与幸福背道而驰，明明是向着幸福努力的人，为什么最终却失去了它呢？人是一个有着自己思想的高级动物，在一个人树立自己的世界观与人生观的同时，一定也确立了对自己幸福的定义与目标。有些人认为成为百万富翁就意味着得到了幸福；有的人认为取得了一定的社会地位，被更多的人尊敬就是幸福；

有的人认为当明星才是他的幸福。当然正如每个人都是一个不同的个体一样，人们对自己幸福目标的定义也会有所区别。确立了自己的幸福目标，人们开始了为自己幸福人生奋斗的历程，只要坚持努力，大部分的人还是取得了最终的成功与胜利。想要拥有财富的人拥有了，想要成名的人成名了，可是他们却突然发现，当一切功成名就的时候，他们并没有同时得到幸福。于是，对于幸福的思考一切又都回到了最初的起点：幸福是什么？幸福到底在哪里呢？为什么我们原以为能够带给自己幸福的一切，当拥有了之后，幸福还是没有到来呢？

人们的欲望是个永远无法被填平的沟壑，财富与成功或许在一定程度上能够带给我们幸福感，但它们也决不可能等同于幸福。其实有些时候富有并不一定快乐，而贫穷也并不一定就没有幸福。生活中我们也经常会看到这样的现实，那些夜不闭户与和睦相处的邻里们总是一些身处贫困的农民，越是贫穷的人对人越是能够敞开心扉，以最真诚的方式与人相处。一个以拾荒为生的老汉却能够总是面带微笑去面对世界，而一个家财万贯的富翁，往往总是对别人一副冷眼和呆滞的面孔，好像时刻都在担心别人会偷抢他的钱财，甚至是对自己最亲密的家人也不得不加以防范，因为财富往往会使人们变得自私和贪婪。两个人相比一下，一个因为一无所有，才活得更加快乐和洒脱；一个是富有的，但却因为那些财富而变得神经兮兮、郁郁寡欢。那么，相比之下，哪个人是幸福的呢？

所以说，一个人幸福与否与他所拥有的财富与地位其实没有太大的关系。当然，我们并不是说幸福与成功、财富是对立和矛盾的关

系。财富与成功能够带给我们对自身价值的一种肯定，自然它也一定会给我们带来一种幸福感，但这种幸福感的来源并不是成功与财富本身，而是来自我们的内心，来自我们看待自己生活的一种态度。如果百万富翁能够以一种坦然的心态去面对自己的财富，好好珍惜与体验财富所带给他的富裕的物质生活，学会以感恩的心、平常的心去看待一切，那么，当百万富翁的心态改变之时，幸福自然也就会降临到他的身上了。

幸福到底是什么？幸福在哪里？其实我们不妨这样来理解一下幸福：幸福是我们饥饿时的食物，是我们饥渴时的水；幸福是我们悲伤时得到的关怀；幸福是我们孤独时拥有的陪伴；幸福是我们与爱人分享收获时的快乐。幸福是我们生活中的点点滴滴，无处不在，像是空气般，只是因为我们已习惯了身处其中，所以就不易发现。

假如我们有一天能够学会发现，让我们静下来想一想，细细地感觉一下，难道我们真的不幸福吗？幸福难道不是一直就在我们的左右，在我们的身边，呵护着我们吗？

我们拥有健康的身体，是一种幸福；我们拥有自己可以谋生的工作，是一种幸福；我们住在整洁的房子里，冬避严寒、夏避酷暑，是一种幸福；我们拥有一个完整的家庭，尽管有时会发生一些争吵，但因此我们的心灵不再孤单，是一种幸福；我们每天可以吃到可口的饭菜，是一种幸福；我们拥有时间与精力偶尔去做一些我们喜欢的事，是一种幸福；我们生活在和平的年代，不用面对战争的残酷，是一种幸福；我们生活在科技如此发达的时代，可以享受古人无法想象的生

活，是一种幸福；我们可以疼爱儿女，可以呵护爱人，可以孝敬父母，我们还有什么感觉不幸福的事情吗？

只要我们拥有健康乐观积极的心态，幸福就这么简单，可以是任何一种形式，呈现在我们平常的生活之中。永远都跟随着我们，等待我们去拥有和品味。

幸福，你可以选择

幸福是一种个人能力

幸福是一种个人能力，是一种如何面对生活的能力，是一个人创造自己美好人生需要具备的能力，而这种能力完全可以依靠我们后天的努力和学习获得。

生活中，人们背负着理想的重担与各种压力，我们怀着不能完成目标的恐惧，完全忽略了家人的感受与需要，同样也遗忘了真正的自己，无法体验生活中的乐趣与幸福，在浮躁中随波逐流，逐渐远离了幸福与快乐走向了满心的虚无与痛苦。

我们沉浸在物欲上与别人的相互攀比之中，似乎无法自拔，我们在别人的眼光中迷失了真实的自我。然后我们痛苦地会问自己，为什么我如此努力，一丝不敢懈怠，最后还是无法得到最美好的一切，难道我不应该幸福吗？我的努力还不够吗？

其实当我们站在这样一种角度去反省的时候，我们已开始学会了注视和关注自己内心真正的幸福感，只不过我们对于幸福的目标树立得有些偏离现实。要知道对于任何人，这个世界上没有绝对和足够完美的生活，不论是事业还是情感，如果达到了绝对完美，那其实才是一种真正的缺失和空洞，生活又怎么还会有希望呢？而幸福其实就存在于我们点滴的平常生活中、追求完美生活的过程之中。幸福正是我们把握生活与获得生活的一种能力，幸福的能力并不一定是要获得最

好的，而是将生活中的事物幻化成相对美好的一种能力。

幸福是如此的简单，就如我们制作一杯冰水，然后去享用它那么容易，但是制作冰水也同样需要我们掌握制作它的技能，还要有享用它的时间与心情。自然拥有幸福也像我们喝自制的冰水一样，需要我们花费时间精力与技艺去创造和享受它带给我们的愉悦。

我们有时候为了获取成功，往往会忽略了培养自己获取幸福的能力，这是不应该的。既成功又幸福的人生，我们是完全可以获得的，遭受了生活中的痛苦并不意味着我们将永远失去幸福，成功并不需要我们一定要用痛苦作为代价才能换取。幸福是我们感受人生快乐的一个过程，而不是苛求一个多么完美的结果。幸福是我们对自我人生认识的升华与自己生活的一种最佳诠释。

一次，一个朋友哽咽着打来电话约我到咖啡厅聊天，虽然我有些迟疑，因为早知道她又要向我倾倒她的满腹苦水，但是出于友谊，我知道自己不能够拒绝。作为一个朋友，我要在她伤心绝望时提供些许的安慰，哪怕仅仅是个沉默的倾听者，至少也不能让她在伤心的那一刻还感觉自己是那么的孤独。所以，我勇敢地前往了。

我走进咖啡厅，一眼看出她美丽的身影，她背对着我，坐在靠窗的位置，身体或许是因为内心的痛苦而显得有些佝偻，尽管是这样，那仍旧是一个散发着无限女人魅力的背影。我顿时产生了感叹：幸福有时候对于某些人来说，真是可望而不可及的事情啊！

李雪，一名舞蹈学院的教师，拥有骄人的身材、迷人的气质、较高的艺术修养，她生活的世界除了艺术之外，就是她从小就树立起来

的对于爱情的美好憧憬和执着追求。然而，她在恋爱的道路上却饱受了煎熬与磨难。虽然，她在现实的面前一点点地学会了坚强与面对，可或许是跟她从事的舞蹈教学有关，对于爱情、对于男人，她永远都追求着有些苛刻的完美。她说，她要做最幸福的女人，嫁给最棒的男人，否则宁愿永远都一个人，就这样直到今天她已年过三十了，幸福的大门还是没有被她打开。

"李雪，你没事吧！"

"没事，我只是有一件事想跟你商量一下，让你帮我分析分析，因为我不知道我这样做，对还是不对？"

"好，那你说吧！什么事？"

"你觉得，我能得到幸福吗？"

"你怎么这么问呢？为什么你不能得到幸福呢？你美丽、善良，在事业上也很有能力，教出了那么多的好学生，你当然是幸福的。"

"你真的这样认为吗？可是我并不觉得自己幸福，我觉得自己失败，太失败了，一次次地被男人伤害，可最终还是不得不面对现实，我要结婚了。"

"真的？那祝福你，你终于决定结束单身了，是哪个完美的男子能得到李雪最终的垂青啊？"

"说出来你别笑话我。"

"怎么会？"

"是老陈。"

"就是那个追求你快六年的珠宝商吗？"

"什么珠宝商，只不过是在几个商场开了几个卖首饰的专柜，有时候我觉得他浑身上下都充满了铜臭味。"

　　"那你为什么还要嫁给他？"

　　"因为，因为我实在太累了，实在想找一个可以依靠的肩膀，哪怕……"

　　"哪怕什么？哪怕没有爱吗？"

　　李雪深思了一下，虽然很无奈，但她还是承认了自己的真实想法："是的，哪怕没有爱，只要他对我好，不伤害我，就可以了。"

　　我看着满脸无奈与失落的李雪，似乎在她决定嫁给老陈的时候，就意味着她同时放弃了幸福一样。此时我的内心充满的不是对李雪的同情，而是满脑子想要问她的问题。

　　"李雪，你真的决定了吗？哪怕是放弃你心中一直追求的爱情，只为了换得一个依靠的肩膀？"

　　"是的，我决定了。"

　　"那你已经做了这个决定，想要与我商量的是什么呢？"

　　"我也说不清楚，我只是觉得自己不幸福，我想要幸福，却往往越是努力，越不幸。"

　　"那你觉得嫁给老陈会幸福吗？"

　　"我不知道，我不能确定。"

　　"你不是说没有爱吗？没有爱的婚姻，你觉得能幸福吗？"

　　"不，我不知道，我不能够确定就没有爱，只不过，这爱与我之前想要的不太一样。但老陈给了我家的感觉，跟他在一起的时候，我

虽没有激动的心跳，但我很快乐！我不知道这是不是也可以算是一种幸福？我觉得既然我一直追求的幸福注定了我永远不会得到，那我为什么不试着去接受另外一种幸福呢？"

李雪一直低着头，没有看我一眼，似乎也并没有想得到我的回答，与其说她是在问我，还不如说她是在问她自己。我静静地听着她把话说完，喝了一口咖啡，我知道自己不可能给李雪一个什么样的答案，但我也理解李雪此时内心的矛盾。

她其实不是在怀疑老陈的爱，她怀疑的是她自己的爱，她经历了几段感情，受到了一些伤害，因此她开始逐渐发现自己一直以来对爱情抱有的幻想，其实有很多层面都是不现实、虚无缥缈的。在感情方面她像个天真的孩子一样，直到今天才开始真正地成熟和长大了。然而真正让她一直都放不下的还不是她对于爱情的幻想，那个她无法放下的东西，其实是她为了实现幻想而构筑和坚持的虚伪的原则，还有一直在捣鬼的虚荣心，而虚荣这个东西正是一直以来阻止了李雪走向幸福的最大障碍。

对于李雪这个朋友，我应该是十分了解的，从她成长的经历与环境我们也不难看出她的性格与价值观。从小无论是在家里的待遇，还是成长过程中在群体中的位置，李雪都是众中眼中的焦点、美丽的化身，让所有人喜欢的对象，在长成美丽的少女之后，李雪更是所有男生追逐的对象。即使一个人有着强大的自制力，也难免在长期的拥戴之中，产生自恋的情结。

李雪是自信的，有时甚至有些骄傲，她从来都认为自己比任何一

个同学与女人都有资格得到幸福与最优秀男人的爱。而当现实一点一滴地向她展现真实的时候，她发现那些不如自己优秀美丽的女人却拥有了那么完美的家庭与幸福，可自己尽管很完美，也足够努力，爱情总是来了又走，从不肯给她真正的幸福与永恒。李雪多么渴望像一个平常的女人一样拥有幸福的家庭，可是幸福却总是与她擦肩而过，毫不留情。

其实生活对于李雪来说，并没有给予她不公平的待遇，只不过李雪是在追求完美的过程中迷失了自己。她真正缺少的不是幸福本身，其实她已经拥有了足够的幸福的资本，她唯一欠缺的是拥有幸福的能力。李雪因为内心的虚荣，她一直都不愿意面对自己的痛苦与在爱情路上的失败，这是导致她内心走向误区的最大原因。而此时的李雪，我为她感到高兴，因为从她的谈话与行为中，我看到了一个真实的李雪，她终于学会了面对真实的自己。我知道，当李雪能够真正地接纳而不是抵制自己的痛苦时，幸福一定离她不远了。我为她感到高兴，我相信李雪一定能拥有一个幸福的婚姻，做个幸福的女人。

我与李雪就这样静静地坐了一下午，我没有说更多的话，只是一直在听李雪的诉说，直到后来，我也记不得是如何又说到了购物与小孩。总之，当我同李雪起身要离开那家咖啡厅的时候，李雪已不是我进入咖啡厅时看到的那副形象与状态了。

李雪脸上不知什么时候开始散发着一种幸福的微笑，提到老陈时也不再是无奈了，而是充满了无限的期待与依赖的感觉。我知道，我此次成功地完成了作为朋友的使命，接下来我只需要等待着参加她的

婚礼就可以了。

在回家的路上我又想到了一个关于幸福的定义，幸福有时候就是一种感知能力，有时候我们虽然拥有，但却并不一定有驾驭它的能力，因此我们身在福中却不知福。想要获得幸福，我们不仅仅要努力地学习、努力地工作，我们还要努力地掌握走向幸福的能力，学会发现幸福、细心品味幸福，因为这是我们拥幸福的关键。

幸福是如此的简单，就如我们制作一杯冰水然后去享用它那么的容易，但是制作冰水也同样需要我们掌握制作它的技能，还要有享用它的时间与心情。自然拥有幸福，也像我们喝自制的冰水一样，需要我们花费时间精力与技艺去创造和享受它带给我们的愉悦。

第一章 关于幸福

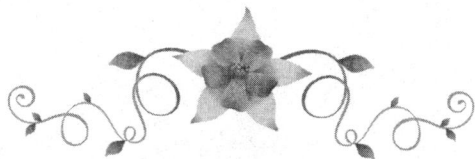

第二章
幸福在哪儿

幸福是一种境界，幸福是一种感觉，幸福是你憧憬未来时，头脑中七彩斑斓的场景，幸福是你历经许多事后，回顾往事时眼神中的留恋。

幸福在哪儿

关于"幸福"一词，《现代汉语词典》上是这么解释的：

1.使人心情舒畅的境遇和生活。

2.（生活、境遇）称心如意。

由此我们可以看出，幸福应该是人内心的一种情感状态。这也正迎合了心理学家对幸福的解释：幸福是人内心深处的一种情感状态，当一个人认为自己是幸福的，他就会在不知不觉中顺从于这种状态，这种状态也就越发明显，反之亦然。

幸福是发自人内心深处的一种情感，它会在某一个瞬间，因心中的某一根弦忽然被牵动而迸发出来，从而使内心充溢着一种甜美的满足感。那么，我们又该从哪里获得幸福呢？

很多人怀里揣着苦闷，眼睛里满是迷茫，四下里寻找着幸福，却总是看到或感受到一些令自己不如意的场面，于是幸福在他们眼中便成了可望而不可即的风景。其实，这都是由于他们总希望把幸福实实在在地攥在手里，于是拼命去追逐财富，迷恋于权力和地位，谁知最终的结果仍旧是得不到幸福。

幸福更多的时候只是一种感觉，只要你内心有幸福，并一直往前走，它就会像影子一样跟在你身后。它不会因为你平凡就抛弃你，也不会因为你出众就青睐你。

午后的街头，一个衣衫褴褛的乞丐靠坐在一棵大槐树下，嘴里哼着小曲，懒洋洋地晒着太阳。

一个闷闷不乐的富翁经过，很轻蔑地瞥了乞丐一眼，说："像你这种一无所有的人，还活个什么劲儿？"

"您可不能这么说，"乞丐反驳道，"虽然我不像您那样有钱有势，可我有一样您没有的宝贝。"

富翁难以相信自己的耳朵，问："你还会有宝贝？拿出来看看，要真是我没有的，我出高价向你买。"

"恐怕你买不去。"

"笑话，有钱还有我买不到的东西？到底是什么宝贝？"

"幸福。"

乞丐说完，又乐呵呵地靠着大槐树晒起了太阳。富翁在旁愣了半天神，更加闷闷不乐地离开了。

如果你想知道，当一个人完全忽视黄金定律哲学的基础法则时，这个人将会面临什么境遇，那么，你不妨从你家附近挑选出你所认识的一个人，这个人一生当中只有一个主要目标——赚钱，而且他可以为了赚钱不择手段，没有任何良心上的顾忌。你可以对这个人加以研究，你将会发现，这个人没有一丝温情；他的语言中没有丝毫和善；他的脸孔没有任何欢迎之情。他已经成为财富欲望的奴隶。他太过忙碌了，没有时间享受生活乐趣；他太自私了，因此不希望协助其他人来享受生活。他会走路、谈话、呼吸，但他只不过是一个自动的机器人而已。然而，却有很多人羡慕这样的人，并希望自己也能拥有他的

地位，愚昧地认为他是一位成功人物。

若是没有幸福，就不能算是成功，而一个人若是不能把幸福分享给其他人，他自己也不能获得幸福。还有，这种分享必须是自动自发的，除了希望把幸福散布到那些内心充满悲伤的人们身上以外，别无其他目的存在。

第二章 幸福在哪儿

幸福的力量

幸福是大众每天都可以感受到的快乐。那些快乐是非常真诚，没有半分做作和虚伪。幸福是爱意与笑意，那是真诚与感动。我们每个人都有权利享受这一切。我们每个人每天都应当活在幸福中，我们呼吸的空气散发着幸福的芬芳。现在我们知道：只要我们有这样的心愿和能力，就能得到幸福，我们就可以幸福并快乐着。

有一个关于古罗马末代君王塔尔坎（Tarquin）的传说。一位老女巫走到塔尔坎面前，提出以高昂的价格卖给他九本预言书。塔尔坎对这一提议不以为然。女巫烧毁了其中的三本书，然后提出以原价卖给他剩下的六本。塔尔坎再次拒绝了。

女巫又烧毁了三本，然后同样以最初九本的价格向塔尔坎出售剩下的三本。这一次，塔尔坎担心自己可能会错失一些宝贵的东西，于是以女巫索要的价格买下了剩余三本书。剩下的这三本书写满了预言和关于罗马的无价之宝的策略。可惜的是它们并不完整了。这道理跟幸福一样，如果你边走边取，最后我们就会获得完整美满的幸福。但是，如果该幸福的时候，你却迟迟不肯，如果你拿着允许幸福的支票却不肯用，那么每过一天，你的幸福就会贬值一点。而你同样付出一样的代价，结果却是那样迥然不同。

抑郁症患者的数量还在迅速增加。越来越多的孩子、青年和成年

人患上了抑郁症，这个概率比十年前高出了2.5倍。这种心理上的疾病正在全球范围内蔓延。相关专家指出，20年后，比起其他疾病，心理上的疾病将成为危害人类生命的头号杀手，有可能成为21世纪的瘟疫。

当然，并不是每一个没有幸福感的人都会得心理上的疾病，但日常生活中的沮丧和抑郁对人们的影响，要比我们认识中可怕得多。这正如荷兰哲学家巴鲁赫·斯宾诺萨在书中写到的那样："幸福是完美状态的精神过渡之桥，相反，痛苦则是消沉的过渡之桥。"我们很需要一种有关幸福的文化来控制这种局面。

不幸可以毁灭一个人，而幸福却可以让一个人更健康，这是因为幸福感不仅作用于精神，还作用于身体。

幸福感可以提高人们的创造力。许多调查研究都表明，幸福使人聪明，有幸福感的人能更好更快地解决遇到的问题。这种作用不是短暂的，而是长久的。

幸福感可以让一个脾气暴躁的人变得和蔼，能够细心地对待工作和生活，与人相处时能够以一种欣赏的眼光对待他人身上的闪光点。

因此，我们可以说，人们生活的目的应该是为了得到幸福，而并不是为了痛苦。那么，如何才能让自己拥有幸福呢？大量的事实证明，只有那些拥有幸福感的人才能得到幸福。消极情绪会限制个人获得幸福的能力，积极情绪却把幸福的道路拓展得更宽，幸福是主动的。幸福也不是别人能够赐与的，而是自己心里首先要有幸福，然后在生命之中一点一滴将其筑造起来。人生中既有狂风暴雨，也有漫天

大雪，可这一切并不能阻挡我们获取幸福，只有在心里的天空中挂一轮希望的太阳，幸福之光就会永远照耀在你身上。

幸福，你可以选择

幸福源于思想

对于幸福我们总是有着太多的假设：如果我有500万的话，就可以买一所房子、买一辆车，过上幸福的生活了；如果妻子长得漂亮些，善解人意又活泼可爱，我一定会觉得幸福；如果我是一个事业有成的人，出入的都是一些高级场所……

其实，人们对物质的摄取，都来源于对自我精神世界的追求，可是一旦人把自己的精神世界只定位在生活上的舒适和安逸，就会陷入这样的一个怪圈：当先前想要的物质生活得到了满足，或许会在极短的一段时间里感觉到幸福，可是过不了多久，却又发现精神世界又如先前一样空白，自己仍旧很痛苦——人的欲望是无止境的。这其实也就是很多人感觉不到幸福的原因。

痛苦与欲望就如同一双孪生兄弟，往往欲望越大，痛苦也就越大，二者来源于犹豫不决的心理，是由于对未来的不确定性而造成的一种心理状态。

生活中，当基本的需求得到满足之后，我们总是会贪婪地想得到更多，而从来不懂得去享受现在拥有的这些。于是，我们在贪婪为我们设计的不切实际的憧憬里生活，总会因现实与其的落差而觉得痛苦不堪，自己也如同被深锁在痛苦的牢笼里。

那么，我们该如何才能逃脱痛苦的牢笼，并在日常的生活中感受

到幸福呢？

如果你早晨一觉醒来身体健康，没有病痛，那么你要比地球上其他几十万人更幸运，因为他们很多人都不能再看到这第一缕阳光了。

如果你到教堂做礼拜或去寺庙烧香拜佛，而从没经历过任何的惊吓、暴行和伤害的话，你要比其他数百万人都更有运气。

如果你的冰箱里有食物，衣橱里有衣物，劳累时有家可回，睡觉时有床可躺，那么你要比世界上60%的人都幸福。

如果你在银行里有存款，钱包里有信用卡，过着衣食无忧的生活，那你就已经是世界上8%最有福气的人之一了。

如果你的父母健在，并且身体状况良好，自己的婚姻也从来没出现过危机，那你就是世界上最稀缺的人。

如果你读懂了这些，并且对此深有感触，那么你已经比另外15多亿人幸福多了，因为你能够从文字里得到知识。

没有什么会早已准备好，只等着我们去享用，正如杰西·杰克逊所说："上帝不会给我们橙汁，他只给我们橙子。"同样，上帝也不会赐予我们幸福，只给我们创造幸福的材料。如果我们一直深陷在欲望的泥沼里挣扎，即便幸福的材料已在手中，也会被当成废弃物扔掉。

一位身患绝症的病人曾经写下这样一段话：疾病蚕食着我的身体。有时，外面的一切我都看不见，听不见，也闻不到。但有时，我可以看到阳光照在火红的枫叶上，照在孩子金黄的头发上；有时，我清晨醒来时听见小鸟欢唱新一天的到来……这些让生命多么美好！

每一个人都有这样的体验，当某些事情已经或即将过去时，我们才会知道这些是多么美好，可是之前为什么没有这样的感觉呢？那是因为我们一直被自己的欲望所驱使。请放下自己心中膨胀的欲望吧，不要再让幸福的材料从手里溜走。只有珍惜现在所拥有的，幸福才会在我们的生命里永恒。

天空中飞过一只小鸟。

在田地里劳作的老农看到后，拄着锄头叹气道："真是一只可怜的小鸟，一天到晚为了觅一口食而飞来飞去。"

一位依窗而立的少女看到了这只小鸟，叹气道："它可真幸福，有一双美丽的翅膀。"

一位旅人正行走在回家的路上，一抬头也看到了这只小鸟，于是止住脚步，心想："如果我也长一双像它一样的翅膀，就能够早点到家了。"

同样的一种境况，在不同人的心里就会有不尽相同的感受和认识，这是因为他们彼此的心境不同。所以说，幸福更多时候只是一种感觉，它会因人而异。

征服了四分之三个欧洲的拿破仑拥有着被大多数人羡慕的权利、荣誉和财富，可对此他却并不觉得幸福，反而对人声称自己这一生当中，"从来没过一天幸福的日子"。又聋又哑又瞎的海伦·凯勒本来应该是最不幸的人，可她却对人说："生活是这么美好。"

同样的一个人，在不同的时间里，对同一种事物的感受和认识也会不同。比如，儿提时玩过的"万花筒"，把眼睛凑近筒眼，轻轻地

转动手指，总是因里面一幅接一幅出现的画面而感到惊奇和喜悦，可随着年纪一天天长大，知道里面有的只是一些各色玻璃碎片之后，惊奇没有了，喜悦也随之消失。再比如，小时候我们会因为得到一本漫画书而欣喜若狂，觉得很幸福，可现在还会因一本漫画书而欣喜若狂吗？在这个意义上说，幸福也会因时而异。

其实，这一切的改变，只是由于外界的变化或者心境的改变，致使我们的心理状态发生了变化。那么，幸福是不是就像蝴蝶一样，总是在花丛中做短暂的停留便飞走了呢？外界的事物总是一刻不停地在变化着，是不是我们也因此只会在某时某地感觉到幸福，除此之外幸福就会像飞走的黄鹤一样，一去便杳无音讯？

清朝的金圣叹在自己的书中写了这样一件事。

一次，他和一位朋友被大雨阻在屋子里不能出去。这场大雨连续不断地下了十天，对坐无聊，两人便一件件地说起了生活中的乐事：

夏7月，天气闷热难当，汗出遍身。正莫可如何时，雷雨大作，"身汗顿收，地燥如扫，苍蝇尽去，饭便得吃"——不亦快哉！

独坐屋中，正为鼠害可恼，忽见一猫，疾趋如风，除去了老鼠——不亦快哉！

上街见两个酸秀才争吵，又满口"之乎者也"，让人烦恼。这时来一壮夫，振威一喝，争吵立刻化解——不亦快哉！

饭后无事，翻检破箱子，发现一堆别人写下的借条。想想这些人或存或亡，总之不会再还了。于是找个地儿一把火烧了，仰看高天，万里无云——不亦快哉！

夏天早起，看人在松棚下锯大竹作筒用——不亦快哉！

冬夜饮酒，觉得天转冷，推窗一看，雪大如鹅毛，已积了三四寸厚——不亦快哉！

推纸窗放蜂出去——不亦快哉！

还债毕——不亦快哉！

读唐人传奇《虬髯客传》——不亦快哉！

………

如此看来，幸福的感觉或许因人而异，但却不都是由某些特定的事物决定的。即便是面临不测的遭际，只要有一颗可以感知到幸福的心，我们也会快乐起来，也会认为自己很幸福。这恰好印证了古罗马的哲学家马尔卡斯·阿流士的那句话：幸福的生活是由幸福的思想构成的。不管身处何种逆境，只要你从心里认为自己能够快乐起来，你就真的快乐起来了。因为一个人的生活状况，就是每天他头脑里所想的那些，不可能成为别的样子。

第二章　幸福在哪儿

幸福是一种内心的态度

幸福是一种永恒的状态。幸福源自于内心，绝非单纯的花花绿绿的物质堆积，把沉睡的心叫醒，就可以拥抱生活的幸福。

不管你信不信，有句话是这样说的：幸福是一种永恒的状态。如果总是感受不到幸福，我们就一定有问题。

你也许不会承认自己有问题，仿佛这意味着你的精神出现类似分裂或扭曲的毛病一样。可事实上，你会时不时地对着自己的心追问：什么是幸福？为什么幸福这么遥不可及？对了，你不觉得自己幸福。

有一位妇女长期以来冒着严寒酷暑在公园慢跑，然后她爬上浴室的磅秤，指针依然停在锻炼前所指的数字上。她感到这跟她近来的所有遭遇一样给她以打击，她是命中注定永远不会幸福的。

她在穿衣服时，对着紧绷绷的牛仔裤紧皱眉头，这时却在裤兜里发现20块钱。接着，她接到了一位朋友打来的电话，要一起去参加晚会。正当她急急忙忙向车子跑去，为还得加汽油而恼怒不已时，却发现室友已经替她加满了油。而这就是那位自认为永远不会幸福的女人。

多数人体验不到永恒的幸福状态，而是经常沉溺于某种更为平庸的东西。散文家休·普拉什曾称之为"不可解决的问题，模棱两可的胜利和含含糊糊的失败，难得有宁静安详的时刻"。

你也许不会说昨天是一个幸福的日子，因为你和老板发生了误会。但是难道就没有幸福的时刻、安详宁静的时刻？那么，你想一想，有没有收到过老朋友的来信，或者，有没有陌生人问你这么漂亮的发式在哪做的？你记得过了一个不愉快的日子，但也不要忘记那美好的时刻也曾经降临过。

幸福就像一位和蔼可亲、带有异国情调的来串门的姨妈，她在你最料想不到的时刻来临，阔绰地请你喝酒，酒过一巡后翩然离去，留下一丝栀子的清香。你不可能命令它来临，只能在她出现时欣赏它。你也不可能强求幸福的到来，但当它降临时，你肯定能够感觉到。当你带着满脑子的问题，走在回家的路上时，竭力留心太阳怎样把城市的窗户点着了"火"，倾听在渐暗的暮色里嬉戏的孩子们的喊叫声，你就会感到精神振奋，仅仅因为你留心了。

是的，你在用自己的心去认真地感受着那一切，所以才有了兴奋，甚至是幸福的支点。幸福首先是源于内心的，绝非单纯的花花绿绿的物质堆积。把沉睡的心叫醒，去拥抱生活吧！

幸福是人人都向往的一种生活状态，可究竟什么样的生活才算是幸福的呢？

有人觉得坐高车驷马、住宽房大屋、餐餐吃大鱼大肉就是幸福；也有人觉得让别人鞍前马后地围着自己转就是幸福；还有人觉得穿锦衣貂裘、一掷千金才是幸福……

可是在现实生活中，许多人尽管就是这样生活的，却并不觉得自己幸福。宽房大屋住久了，寂寞空虚便乘虚而入；大鱼大肉吃多了，

胆固醇跟着升高，最后进了医院，才知道还是五谷杂粮养人；被别人众星捧月般围绕着，却找不到一个能说出知心话的人……

那么，幸福的秘密到底在哪里，我们如何才能让自己幸福？

小天使出生后的第二天，就来到了上帝居住的城堡里，寻找得到幸福的秘密。

上帝得知他此次前来的目的之后，就对他说："现在我还没有时间向你讲解幸福的秘密，你可以自己在我的城堡里好好转一转，或许会有发现，不过两个小时之后你要再来这里找我。"上帝说着话，递给小天使一把汤勺，并在里面滴了一滴甘露，又叮嘱小天使说："走路时你要把汤勺拿好了，不可将甘露洒落。"

小天使告别了上帝，便开始沿着城堡的台阶上上下下。他小心翼翼地走着，眼睛一刻不停地盯着拿在手里的汤勺，生怕洒落了甘露。两小时之后，他身心俱疲地回到了上帝面前，甘露完整无缺地躺在汤勺里。

"你找到幸福的秘密了吗？"上帝问道。

小天使摇摇头。

"难道你见到我餐厅里那块儿美丽的波斯地毯吗？那座历经30年才建造好的大花园，你是不是觉得它十分美丽？你注意到我图书馆里那些美丽的羊皮卷了吗？"上帝继续询问道。

小天使很惭愧地低下了头，说自己只注意上帝交给的那把汤勺和那滴甘露了，其他的什么也没有注意到。

"那你就再用两小时回去见识一番我的那些珍奇之物吧。"上帝

说道。

这次小天使感觉轻松多了，他拿起汤勺，开心地漫步在城堡里。这次他不光看到了美丽的波斯地毯和羊皮卷，还看到了天花板上的美丽雕饰，看到了墙壁上精美的艺术品，看到了大花园里美妙的山景和花木……一切的一切都让小天使感受到惊喜，都有些流连忘返了。

再次回到上帝面前时，小天使兴致勃勃地讲述了自己所看到的一切。他问上帝，这就是幸福的秘密吗？

上帝笑而不答，问他："你看看我交给你的那滴甘露还在吗？"

小天使低下头一看，才发现那滴甘露不知什么时候已经不在汤勺里了。

"这就是我要你明白的，"上帝和蔼地对小天使说，"幸福的秘密在于欣赏所有的美，但是永远不要忘记了自己已经拥有的那滴甘露。"

幸福的秘密原来就是这么简单，就是守着自己拥有的那滴"甘露"，守着内心的那份平和宁静，徜徉于大千世界之中，却并不被那些五光十色的诱惑吸引，只是以一种欣赏者的心情去面对。我们为什么很多时候会觉得别人比自己幸福，就是因为我们总是在用欣赏者的眼光看别人，而用参与者的身份对自己。

"宠辱不惊，看庭前花开花落。去留无意，望天上云卷云舒。"当我们用一种欣赏者的眼光来看待自己的生活，幸福就会如那滴甘露一样流转在我们的心里。

第二章 幸福在哪儿

把幸福握在自己手中

幸福，从根本上说，和所有人无关，它只关乎你自己，它只存在于我们的内心。有一个可以得到幸福的可靠方法，就是以控制你的思想来得到。幸福并不是依靠外在的情况，而是依靠内在的情况。

是的，生活中很多事情会影响我们的心情：早晨你的宝宝很不听话地打翻了碗筷，上班的路上塞车塞了半个多小时，到公司门口你的秘书打来电话说要请假，而今天有一堆事情要处理……

面对这些事情，你能微笑地平静地对待吗？或许有人说："没什么，可以理解！"又或许有人说："今天倒霉死了。"

幸福，是我们生活的一种状态，是我们内心的一种感受。暂时的某些情感并不能代表我们幸福或是不幸。生活总是会有一些小小磕绊，我们都不是神，都是一些平凡的人，偶尔的小生气、小愤怒等情绪都是可以理解的，不要将这些就当成生活的不幸。

曾有这么一件事，一个女人有个很可爱的儿子。这个女人有个习惯，她不断地告诉儿子如果他犯了错误，上帝就会处罚他。结果儿子总是感冒。这位母亲简直要发疯了，她不知道该怎么办好。后来她明白了，她不能对一个孩子说那种话。她应该对孩子讲上帝很爱他。她把这些话讲给儿子听，结果儿子就再也不感冒了。这个母亲感到很惊讶，甚至是大吃一惊。从这里你就可以明白，只要这位母亲选择告诉

幸福，你可以选择

儿子上帝会惩罚他，儿子就总是感冒——当她选择告诉儿子上帝很爱他的时候，事情就发生了变化。是什么带来了这种变化呢？是上帝使这一切发生了变化吗？是这位母亲，她选择了一种正确的方式将上帝展现在孩子面前，这改变了孩子的生活，也改变了她自己的生活。

因此，生活中的我们必须有这样一个清醒的认识，没有任何我们自身之外的东西会伤害到我们，也没有任何我们自身之外的东西能遥控我们的幸福。痛苦或快乐，其实完全可以由我们自己来决定，只是我们大多时候就像那个女人的儿子一样，把这项选择的权利交给了母亲，交给了上帝。

一位女士总是这样抱怨道："我觉得自己很委屈，生活过得一点儿也不快乐，因为我先生常年去外地出差。"

一位妈妈说："我的孩子一点也不听话，总是和我对着干，真是气死我了！"

一位男士满面愁苦地诉说道："我对工作已经很用心了，可就是得不到老板的赏识，该怎么办才好？"

一位婆婆泪流满面地说："儿媳妇一点儿也不孝顺，儿子对此也视而不见，我的命可真苦！"

一位年轻人从商店里出来，说："这个商店的服务员总是一副爱搭不理的样子，简直都快把我气炸了。"

这些人不约而同地做了一个相同的决定，就是把自己心情的好坏都交给了别人来掌控，从而把自己放在了一面镜子的位置上。别人高兴，自己就高兴；别人面无表情，自己也面无表情；别人生气，自己

也就跟着生气。可另一方面，人毕竟有别于镜子，于是总感觉自己是受害者，抱怨和愤怒成了唯一的选择。可这一切的原因，只在于我们把选择的权利交到了别人的手里。

事情就是这么简单，我们总是把自己的幸福建立在别人的行为上，要求人家给自己幸福，可他们并没有给我们幸福的义务，因此，我们不是成为被人操纵的木偶，喜怒哀乐完全凭别人摆布，就是在一次次的失望之后变得痛苦不堪。其实，当我们因别人对自己的态度不好而生气时，就是在用别人的错误惩罚自己，使自己被动地陷于郁郁寡欢之中。

请记住，真正能让你快乐起来的，只有你自己，而不是外界的任何东西。

如果你觉得自己不快乐，那一定是你自己的责任。

生活中，我们常常听到这样的对话：

女人："你爱我吗？"

男人："当然！"接下来常常再伴随很多海誓山盟、甜言蜜语……

这时候女人往往撒娇地靠在男人胸前："嗯，你就是那个可以让我一辈子都幸福的人……"

没错，生活中，我们常常将自己幸福和快乐的权利交给他人，就像莉莎·妮可斯所说的那样："你往往都把创造快乐的机会给了别人，而他们常常也无法做到你想要的样子。为什么？因为唯一能为你的喜悦、幸福负责的人，就是你自己。因此，就算你的父母、孩子或

配偶，他们对你的幸福也没有主控权。他们拥有的，只是和你分享幸福的机会。你的喜悦，是来自你的内心。"

你看到吗？

你到公司了，进门的第一时间，总会有暖暖的咖啡摆在你的桌前，这是你的习惯，你的秘书从未忘记过，即使她不来，咖啡也会在，你还为她的临时请假而生气吗？谁家不能有些突发事件呢？你的内心忽然涌起一股酸酸的味道，那是幸福。

你加班到很晚，没有赶上和宝宝说晚安，回到家你迅速地冲到孩子的房间，看到宝宝熟睡的脸，他安睡香甜的样子像一个小小天使……你还会记得早晨她让你生气了吗？你笑着，甚至笑到流泪，这也是幸福。

生活总是由很多片段组成，让我们高兴的，让我们懊恼的。一个幸福的人，并非总是快乐，没有烦恼，他们也会有情绪上的起伏，但是整体上，他们总是能够保持一种积极的人生态度。在他们的生活中，幸福是常态，不幸的感觉只是小插曲。

对我们每个人来说，真正决定我们是否幸福的，是我们自己，是我们对自己的看法、对生活的态度！

一个人如果能够坚持做自己，能够做自己生活的主人，那么他就会觉得自己能够掌握自己的人生，能够坚持自我的想法，为自己的人生做决定，这样的人就会更加容易感到幸福和快乐。

相反，那些没有自我、总是生活在他人世界中的带有消极人生观的人，常常觉得自己的人生不是自己所能够把握的，他们往往将事情

的发展看向消极的方向，更容易陷入担忧和恐惧中。

两个人在一个沙漠里行走，他们已经一天没喝水了，忽然看到前方有半瓶被人丢落的矿泉水，一个人说："太好了，有半瓶水！"而另一个人却说："哎，怎么只有半瓶水？"第一个人的心态是乐观的，感受的是幸福；而第二个人的心态是消极的，感受的则是失落。

生活中，谁都希望自己是幸福的天使，然而，并非每个人都能如愿以偿。看看，生活中很多吵架的画面，女子哭诉着："他太懒了，他对家庭一点也不负责，他总是偷偷看其他女人……"似乎所有的不幸都是对方造成的。对方，是要真正为你的幸福负责的那个人吗？不是的，你的幸福，你负责！

幸福，是我们内心的一种主观感受。

一个星期天，罗依去做礼拜。从教堂走出来的时候，看到一个穷孩子走过来，就友善地看了她一眼。这不经意的一瞥，竟然发生了意想不到的作用。那女孩感觉非常快乐，眼里充满了感激的泪水。在给朋友的信中，罗依深有感触地写道："对于我来说，这是多么生动的一课啊！原来幸福是可以如此廉价地给予！我们错过了多少扮演天使的机会！回家之后，我没有去多想此事，只记得事情已经过去，心中还有挥之不去的感伤。那匆匆一瞥竟然给一个不堪生活重负的人带来了片刻的温馨，也给她的心灵带来了片刻的轻松。"

幸福，也并非取决于我们所在的环境。我们可以贫穷，我们可以不漂亮，但是我们可以让自己感受幸福的味道。

有这样一则小故事：

有一个年轻军官接到调动令，将他调到一处靠近沙漠地带的基地，他不愿意让妻子跟着他受苦，决定只身前往，但是妻子觉得夫妻之间就应该同甘共苦。无奈，年轻军官带着妻子前往此地，并在附近的印地安部落中找了个小木屋把妻子安顿了下来。

该地环境非常恶劣，风沙漫天，早晚温差特别大，夏天的时候更是炎热无比，最糟糕的是当地的印第安人都不懂英语，根本无法和他们沟通交流。

在此地待了几个月，妻子觉得再也无法忍受这样的生活。她写了一封信给她远在都市的母亲，信里诉说了她在这里生活的艰苦，同时表示她准备回繁华的都市生活。

妻子的母亲收到信后，回了封信给她，在信里母亲写道："在同一间牢房里，住着两个囚犯，他们从同一个窗户往外看，一个看到的是泥巴，而另一个看到的则是星星。"

妻子看完母亲的信后，有所触动，就在心里对自己说："我一定会把那星星找出来。"

自此以后，妻子改变了自己的生活态度，她变得积极主动起来，和当地的印第安人学习编织和烧陶，慢慢地走进了他们的生活，融入了当地的文化氛围中。

她研读了许多有关星象天文的书籍，并运用沙漠地带的天然优势观察星星，没过几年，出版了好几本关于星星的研究书籍，成了星象天文方面的专家。

"走进星星的世界。"她常常这样在心底里一遍又一遍地跟自己

说。

消极地看待生活，除了抱怨，还是抱怨，像那位狱中看到的是满眼泥巴的囚犯一样，而积极地看待生活，寻求问题的解决，看到的并迎接我们的则是闪亮的星星，我们体会到的是幸福的味道。

幸福不在别处，幸福在我们每个人的心里，而且是我们自己能够决定的！

回到开篇的对话上，在那个女孩的心里，我嫁给你了，就代表我把我人生所有的幸福和快乐都托付于你，你要对我负责！自己所需要做的只是等待，而不需要任何行动。随着社会的发展，人类认识的不断提高，有着如此想法的人越来越少。这是我们在思想上的一种提高和进步——我有足够的能力照顾好我自己，我有足够的能力把握好我自己的人生，对自己的幸福负责！

这也是一个健康的婚姻关系中夫妻双方正确的思想态度。彼此独立，又互相依恋，互相扶持，共同进步，这样的婚姻关系才能越走越好，才能和谐、长远！

一个人，不应该剥夺自己作为人生主人的权利，也不应该逃避这份责任。不管怎样，我们都应该积极地面对自己，面对人生，负责自己的幸福。我们的人生，取决于我们自己，而非其他人！不管爸爸、妈妈，还是爱人、孩子，都无法给予我们真正的幸福。一个人幸福与否，只在于他自己。

奥雷柳斯曾经说过："如果你对周转的任何事物感到不舒服，那是你的感受所造成的，并非事物本身如此。借着感受的调整，可在任

何时刻都振奋起来。"

所以，做一个幸福的人，请先修炼好自己的心，做一个时刻都积极乐观的人。生活不会永远风平浪静，不会永远让自己满足，但是幸福，却是我们可以自己掌握的。幸福不是没有生气，没有懊恼，而是遇到任何事情，都能以一颗平和、宽容、乐观向上的心去对待。很多事情如果能换一个角度、换一个方向、换一种态度去面对，你的心情就会大不一样。

做一个幸福的人，我们有必要让自己变得更好，去有意识地改变一些自己性格上的缺点，甚至缺陷。思想创造人生，要想创造幸福的生活，我们需要一个在心理和意志上都更加强大的自己，让自己能够超越自我心灵的限制，拼搏奋斗，不管艰难险阻。

将自己交与他人，我们很难得到幸福，自己的幸福自己负责，却很容易做到，因为我们是自己的主人！

第二章 幸福在哪儿

第三章
幸福的感觉

　　如果痛苦换来的是结识真理、坚持真理，就应自觉地欣然承受。那时，也只有那时，痛苦才将化为幸福。

幸福就在一瞬间

人的一生不管追求什么，主要的目的是为了幸福。但幸福究竟是什么，这个看似简单的问题却不好回答。经典精神分析理论认为，幸福来源于压抑的解除；行为认知学派认为，幸福是对积极思维的现实奖励；人本主义则认为，幸福是伴随自我实现而产生的一种满足的体验。

简单地说，人生幸福不过和三件事有关，那就是：性与自我满足，自尊与自我实现，精神与自我超越。这三件事对应着经典精神分析的三种理论：弗洛伊德的性本能论、阿德勒的自卑动力论、荣格的精神追寻论。我把这三件事物与幸福的关系简称为"3S幸福论"，3S就是：性（Sex）、成功（Success）和精神（Spirituality）。

有人对幸福最直截了当的理解就是"吃喝玩乐"。吃喝玩乐的核心其实是自我的生理满足，而生理满足的最原始形式和最大强度来自性本能。性本能在所有的生理本能中和幸福感有着最高的相关度。而和性本能相关联的人类性欲文化构筑了人类幸福感的底层基础。从艺术的性欲表征到婚姻生活的"鱼水之欢"，如果人类没有了"性福"，那么其他的幸福也就失去了色彩。

"性福"虽美，但在充满生存竞争的人类社会中，"性福"失去了其原始的单纯。人在努力驾驭自己身体的同时，必须学会驾驭更加

复杂的人际关系，并且要在社会生活中达到社会要求的目标。通过对现实成功的追求，人的幸福从单纯自我满足的层面上升到了社会的层面。名望、权力、财富使得自我的能量从自我本身延伸到自我以外的世界，这种幸福感可以说是人类特有的。

然而，当一个人在获得了世俗的成功以后，这个人是否就一定快乐呢？大文豪托尔斯泰和大富翁洛克菲勒在达到了事业的顶峰以后，却都想到了自杀，因为他们失去了生活的意义和目标。当人进入老龄，不管你是否成功，每个人都不得不面对死亡的挑战。在死亡面前，不管你在世俗生活中有多么成功，依旧会感到如幼童一样软弱无助，于是人们对人活着的意义的探究就成为不可避免的愿望。

50多岁的洛克菲勒在死神面前决定接受心理治疗。心理医生告诉他一个方法，把过去赚来的钱想办法回馈给社会。洛克菲勒接受了这个建议，在随后的40年里他成为了世界上最慷慨的慈善家之一。他超越了狭隘的"小我"，把自己的生命融汇到对人类文化事业的支持中，同时让自己的精神得到了升华。虽然这世界上绝大多数人成不了洛克菲勒那样的富豪，但把自己生命的意义通过精神的升华而扩展到人类普世的价值层面，那么一个普通的人也可以感动整个世界，而"小我"的幸福也就和全人类的幸福结合在一起了。

从前有个男孩子住在山脚下的一幢大房子里。他喜欢动物、跑车与音乐。他爬树、游泳、踢球，喜欢漂亮的女孩子。他过着幸福的生活，只是经常要让人搭车。

一天男孩对上帝说："我想了很久，我知道自己长大后需要什么。"

"你需要什么？"上帝问。

"我要住在一幢前面有门廊的大房子里，门前有两尊圣伯纳德的雕像，并有一个带后门的花园。我要娶一个高挑而美丽的女子为妻，她的性情温和，长着一头黑黑的长发，有一双蓝色的眼睛，会弹吉它，有着清亮的嗓音。

我要有三个强壮的男孩，我们可以一起踢球。他们长大后，一个当科学家，一个做参议员，而最小的一个将是橄榄球队的四分卫。

我要成为航海、登山的冒险家，并在途中救助他人。我要有一辆红色的法拉利汽车，而且永远不需要搭送别人。"

"听起来真是个美妙的梦想，"上帝说，"希望你的梦想能够实现。"

后来，有一天踢球时，男孩磕坏了膝盖。从此，他再也不能登山、爬树，更不用说去航海了。因此，他学了商业经营管理，而后经营医疗设备。

他娶了一位温柔美丽的女孩，长着黑黑、长长的头发，但她却不高，眼睛也不是蓝色的，而是褐色的。她不会弹吉它，甚至不会唱歌，却做得一手好菜，画得一手好花鸟画。

因为要照顾生意，他住在市中心的高楼大厦里，从那儿可以看到蓝蓝的大海和闪烁的灯光。他的屋门前没有圣伯纳德的雕像，但他却养着一只长毛猫。

他有三个美丽的女儿，坐在轮椅中的小女儿是最可爱的一个。三个女儿都非常爱她们的父亲。她们虽不能陪父亲踢球，但有时他们会

一起去公园玩飞盘，而小女儿就坐在旁边的树下弹吉它，唱着动听而久萦于心的歌曲。

他过着富足、舒适的生活，但他却没有红色法拉利。有时他还要取送货物——甚至有些货物并不是他的。

一天早上醒来，他记起了多年前自己的梦想。"我很难过。"他对周围的人不停地诉说，抱怨他的梦想没能实现。他越说越难过，简直认为现在的这一切都是上帝同他开的玩笑。妻子、朋友们的劝说他一句也听不进去。

最后他终于悲伤地病倒，住进了医院。一天夜里所有人都回了家，病房中只留下护士。他对上帝说："还记得我是个小男孩时，对你讲述过我的梦想吗？"

"那是个可爱的梦想。"上帝说。

"你为什么不让我实现我的梦想？"他问。

"你已经实现了。"上帝说，"只是我想让你惊喜一下，给了一些你没有想到的东西。"

"我想你该注意到我给你的东西：一位温柔美丽的妻子，一份好工作，一处舒适的住所，三个可爱的女儿——这是个最佳的组合。"

"是的，"他打断了上帝的话，"但我以为你会把我真正希望得到的东西给我。"

"我也以为你会把我真正希望得到的东西给我。"上帝说。

"你希望得到什么？"他问。他从没想到上帝也会希望得到东西。

"我希望你能因为我给你的东西而快乐。"上帝说。

他在黑暗中静想了一夜。他决定要有一个新的梦想，他所梦想的东西恰恰就是他已拥有的东西。

后来他康复出院了，幸福地住在47层的公寓中，欣赏着孩子们悦耳的声音、妻子深褐色的眼睛以及精美的花鸟画。晚上他注视着大海，心满意足地看着明明灭灭的万家灯光。

你可以说现实是残酷的，因为没有得到梦想中的东西；你也可以说现实是美好的，因为你得到了梦想中意想不到的东西。感到生活美好的人通常都是快乐的。

第三章　幸福的感觉

幸福是一种简单生活

在人的一生中，也会有许多的追求、许多的憧憬。追求真理，追求理想的生活，追求刻骨铭心的爱情；追求金钱，追求名誉，追求权势和地位。当然，有追求，就会有收获，我们会在不知不觉中拥有很多。有些是我们必需的，而有些却是完全用不着的。那些用不着的东西，除了满足我们的虚荣心外，最大的可能，就是成为我们的一种负担。

其实，幸福与快乐源自于内心的简单。简单使人宁静，宁静使人快乐。

柿子树在夏秋之际的断折，是因为它在最为繁华的时节，背负了太多的沉重，就像英雄往往魂断于盛年。而在深秋或寒冬，华叶落尽，果实卸下，生命开始简单而平静，再面对风霜雨雪的袭击时，就显得无所畏惧、宁静泰然了。

一个人一生的时间是很有限的，即便你健康地活到80岁，才有29200多天，这里面还要除去三分之二的时间用于睡眠和其他琐事，还要除去童年、少年和老年的时光，其实你可以用来做事情的时间只有短短的几千天。在有限的人生中，你不可能做得太多，所以只能有选择、有方向地去努力。

古往今来，那些真正健康长寿的人，那些人格高尚、具有爱心、

幸福，你可以选择

在事业上有所建树、给人类社会留下精神财富的人，无不生活简朴、思想单纯专一。智者的简单，并非因为贫乏或缺少内容，而是繁华过后的一种觉醒，是一种去繁就简的境界。司马迁用一生的血和泪只铸就了一部《史记》，但给后人留下的却是"千古之绝唱，无韵之离骚"；岳飞面对在风雨中摇曳的南宋王朝，"怒发冲冠"、精忠报国，一生都发出了"莫等闲，白了少年头，空悲切"的呐喊；霍金肢体全部失去知觉，但他用一生的时间写出了令无数青年深受启迪的著作《时间简史》。

一个心中有坚定信念的人，一个有明确目标的人，他会心无旁骛，并善于将可能引起忧思苦恼及妨碍前进的事物丢弃掉，不让它干扰自己的身心和脚步。牛玉儒，一个在短短的时间内就响遍中国大江南北的名字。他在呼和浩特市作了493天市委书记，也整整奔波了493个昼夜。他一生最后一个电话是打给城建局局长的，在他患结肠癌最后住院期间，曾三次返回呼市亲临建筑工程施工现场……牛玉儒的一生只想一句话"我不是家长，我是勤务员"。在呼市工作期间，他只有一个目标：使呼市的GDP在两年内由目前的400亿翻到800亿，使呼市人均收入达到6000元。牛玉儒虽然在呼市人民的悲泣中永远地离开了，但他的目标却达到了，这个城市也因此而永远记住了这个人。牛玉儒的一生很短暂、很简单，但却很精彩！

一个人要想有所作为，要想在生活中健康有力地向前走，就不能背负太多无用的东西，要学会清理和放弃。简单的过程是一个觉醒的过程，大道至简，精彩人生一定是一个化繁就简的人生。

古人有句话叫"大道至简"，用今天的话来说，就是"越是真理就越是简单的"。著名的美籍华裔数学家陈省身先生有一个很有趣的"数学人生法则"：数学的一个重要作用就是九九归一，化繁为简。智者的简单，并非因为贫乏或缺少内容，而是繁华过后的一种觉醒，是一种去繁就简的境界。简单的过程是一个觉醒的过程。大道至简，健康的人生一定是一个去繁就简的人生。

古希腊的佛里几亚国王葛第士以非常奇妙的方法，在战车的轭上打了一串结。他预言：谁能打开这个结，就可以征服亚洲。一直到公元前334年，还没有一个人能够成功地将绳结打开。这时，亚历山大率军入侵小亚细亚，他来到葛第士绳结之前，不加考虑，便拔剑砍断了绳结。后来，他果然一举占领了比希腊大50倍的波斯帝国。

在现实生活中，困扰我们的绳结同样存在，并且有可能就在我们的心中。

有一个青年人从家里出门，在路上看到了一件有趣的事，正好经过一家寺院，便想考考老禅师。他说："什么是团团转？"

"皆因绳未断"。老禅师随口答道。

年轻人听了大吃一惊。

老禅师问道："什么事让你这么惊讶"？

"不，老师父，我惊讶的是，你是怎么知道的呢？"年轻人说，"我今天在来的路上，看到了一头牛被绳子穿了鼻子，栓在树上，这头牛想离开这棵树，到草场上去吃草，谁知它转来转去，就是托不开身。我以为师父没看见，肯定答不出来。没想到你一口就说中了。"

老禅师微笑道："你问的是事，我答的是理；你问的是牛被绳索拴住而不得脱，我答的是心被俗务纠缠而不得解脱。一理通百事啊！"

年轻人大悟。

其实，人生中不如意事十之八九。得失随缘吧，不要过分强求什么，不要一味地去苛求什么，世间万事转头空，名利到头一场梦，想通了，想透了，人也就透明了，心也就豁然了。名利是绳，嫉妒和偏狭都是绳，还有一些过分的强求也是绳。一个人，只有摆脱了这些心中的绳索，才能享受到真正的幸福，才能体会到做人的乐趣！

一只风筝，再怎么飞，也飞不上万里高空，是因为被绳子牵住；一匹马再怎么烈，也被马鞍套上任由鞭抽，是因为被绳子牵住。因为一根绳子，风筝失去了天空；因为一根绳子，水牛失去了草地；因为一根绳子，大象失去了自由；还是因为一根绳子，骏马失去了驰骋。细细想，我们的人生，也不常被某些无形的绳子牵住了吗？某一阶段情绪不太好，是不是自己也存在某种心索？这则小故事让我很受启发，是不是也能给朋友带来一些启示呢？

一个孩子在大山里割草，被毒蛇咬伤了脚。孩子疼痛难忍，而医院在远处的小镇上。孩子毫不犹豫地用镰刀割断受伤的脚趾，忍着疼痛保住了自己的生命。

一位朋友到一家餐馆应征做钟点工。老板问："在人群密集的餐厅里，如果你发现手上的托盘不稳，即将跌落，该怎么办？"许多应征者都答非所问。朋友答道："如果四周都是客人，我就要尽力把托

盘倒向自己。"最后，朋友成功了。

亚历山大果断地用剑砍断绳结，说明他舍弃了传统的思维方式；小孩子果断地舍弃脚趾，以短痛换取了生命；朋友果断地把即将倾倒的托盘投向自己，才保证了顾客的利益。在某个特定的时刻，你只有敢于舍弃，才有机会获得更长远的利益。即使遭到难以避免的挫折，你也要选择最佳的失败方式。

成功往往蕴含于取舍之间。不少人看似素质很高，但他们因为难以舍弃眼前的蝇头小利，而忽视了更长远的目标。成功者有时仅仅在于抓住一两次被人忽视的机遇，而机遇的获取，关键在于你是否能在人生道路上进行果敢的取舍。

人活在世上都要扮演一定的角色，或许你的生活很简单，但是你也会有自己的幸福。

有些人，他们活着，却没有时间去多愁善感；爱着，他们却不懂得怎么诠释爱情；他们满足，因为他们没有奢望生活过多的给予；他们简单，不用在人前掩饰什么。他们也许连幸福是什么都不知道，然而真正幸福的就是这么一群简单的人。

人之所以不幸福，就是因为不能够单纯；其实，不要去刻意追求什么，不要向生命去索取什么，不要为了什么去给自己塑造形象，简单本身就是一种幸福。

别阻挡了自己的幸福

很多人总是觉得自己不幸福，觉得自己没有能力，无法抓住幸福。事实上不然，那只是在为自己开脱，你不幸福的主要原因不是能力和客观条件，而是你自身的潜意识。

约瑟夫·墨菲是世界潜意识心理学权威，他提出：潜意识能解决你的所有问题，能治愈你的身体，实现你的梦想，甚至连你不敢想的事情都能被实现。

对照自己好好想想，是不是心里的软弱阻挡了你前进的脚步，是不是可笑的自卑阻挡了你思维飞翔的翅膀，是不是你的潜意识让你放弃了幸福的机会？

仔细想想，难道不是这样吗？

墨菲曾经讲过一个故事。

在一条路上有一个老树桩，有一匹马每次路过都会受惊却步。后来农夫为了不让马再受惊，就把树桩挖掉了。可是当这匹马再次路过这里时，竟然又停住了脚步。这种现象发生的原因，是因为在马的潜意识里依然存在着树桩的记忆。

而人也一样，在幸福的道路上其实没有"树桩"，那只是你的幻想而已。在你的潜意识里你现在有什么担忧，你现在就可以把它从你的心中挖掉，告诉自己，再也没有可以阻挡我的东西了！

第三章 幸福的感觉

当路上再也没有了可以阻挡你的"树桩",想想你会变成什么样呢？自信、乐观、充满干劲,到了那时,又有什么能阻挡你前进的步伐呢？幸福是自己抓到的,如果永远沉溺在懦弱里面,幸福就不会自动落在你眼前。要相信我们都有着巨大的潜力,要对这种潜力有自信,幸福就属于你,你就会实现心中的理想。

来吧,忘记那个让你无法前行的障碍,去追求想要的生活,去追求喜欢的人,去追求那些你所倾慕的一切。成功在于尝试,当你推开荆棘,迈开脚步,就证明你已经奔赴在得到幸福的道路上了。没有什么能够阻挡我们对幸福的向往。

世界上最幸福的人,就是那些能够常常将心中最美好的东西施展出来的人。幸福和德行互为补充。最幸福的人不仅是最美好的人,通常也是最能成功体现生活艺术的人。常常表达爱、光明、真理和美好,你就会成为当今世界上最幸福的人之一。

美国心理学家之父威廉·詹姆斯说过,19世纪人类最伟大的发现不在自然科学领域,而是人们的潜意识在信仰的触动下所产生的力量。我们的潜意识支配着行动的力量,这种支配力量影响着我们迈向幸福的步伐,移除内心里潜意识的障碍,能让我们走向幸福的道路更加畅通。打破潜意识中的障碍,最主要的就是勇于迈出第一步,在不断的实践中去克服这个障碍,使内心的道路更加平坦。消除了内心潜意识的障碍,你就拨开了幸福藏匿的云彩。不要因为潜意识的障碍而挡住自己幸福的降临。

幸福是一种心态

平庸是一种生活，幸福是一种心态。所以，平庸并不能剥夺你的幸福，相反，平庸的生活说不定也会带来幸福。平庸，也许心平气和，就不会有那么多心高气傲。也许我们曾经有许多的雄心壮志，也曾多次奋斗、多次努力、多次挣扎，但最终逃不过命运之网，我们没有成为有着很大成就的人。终于，我们明白，我们很普通，仅仅是千百万平凡中的一个，我们也曾抗争，也曾努力力争上游，想成为众人中的佼佼者，但多次的重复使我们懂得，我们的生活其实是平庸的，但是这种生活却不一定是不幸的。

平庸的生活，会让我们少了很多生活中的争斗，少了很多无谓的烦恼，不必整日担忧自己优越的生活什么时候会消失，我们会满足于这种小日子的幸福。心安理得的生活，让我们觉得稳定，使我们心无过高的所求。平庸也让我们远离了为了物质、名利、权势而争斗的生活，我们可以享受着爱好，享受着属于自己小家庭的温暖，生活得心安理得。

我们知道自己可以拥有什么，知道自己能拥有什么，知道自己想拥有什么，不会为了争夺更高的成就或是利益而整日忙碌。我们有更多的时间享受每一天，享受自己的精彩！

平庸的生活让我们学会了与人为善，心存感激，懂得感动，懂得

取舍，懂得选择，所以我们也就远离了烦恼。

安于现状也是一种幸福，就这样平平淡淡地生活，善待生活中的每一天，平常、平安就已经知足，平淡中的满足就是幸福。

当生活过得平庸，我们就多了时间感受生命给予的幸福。当春雨降临，我们就感觉到了上天赐于大地的恩惠；当拥抱爱人，就感到生活给予的幸福；当自己忙碌于工作，就感觉到了生活的充实。知足，所以常乐。我们虽然平庸，但是我们很真诚。虚伪和狡诈，离我们很远。因此，我们不需要以假面孔来伪装自己，所以就活得很轻松，也活得很自在，活得很潇洒。

幸福不会从天而降，需要自己去经营。平庸未必不幸福，只要自己用心去体会幸福，平庸的生活也会幸福。幸福不是做给别人看的，是要用心经营的。学会挖掘可能的幸福，发展已有的幸福。其实，幸福只是一种心态，无论平庸或是出色，幸福只是一种源于内心深处的平和与协调。一个人幸福与否，最终都得回归自我。只要自己相信自己是幸福的，自己才会幸福；反之，如果自己感觉不到幸福，无论在别人眼里多么风光，自己的内心一定会是疲惫和痛苦的。

太多的欲望，往往会阻止幸福的脚步，因为内心缺少一种满足，总是贪图更多的幸福和忽视了眼前的东西。建功立业、声名显赫、受人尊敬、受人羡慕，这自然是很多人都向往的生活，但是这些却要付出艰辛才能得到。其实，平庸的生活一样可以拥有幸福，只要拥有一颗感受幸福的心。

幸福，你可以选择

幸福是心中的阳光

在一位老人的百岁生日宴会上，有位记者问他："幸福是什么？"老人微微沉吟一下，说："幸福是心中的阳光。"

这位记者闻言显得有些意外，他以为老人会说"幸福是儿孙满堂"或"年纪这么大身体依旧硬朗"之类的话。这时老人的一个孙女悄悄告诉记者，老人是一个盲人。

你或许会有这样的疑问，一个根本就看不到太阳的人，为什么会说幸福是心中的阳光呢？其实，静下心来仔细想一想，大概就能够理解老人的这句话了。照射在身上的阳光并不一定就会让人觉得温暖，而照射到心里的阳光才会让人觉得暖意充溢全身，有力量、有信心，对未知的将来充满希望。在我们的心里应该有阳光，并让这阳光照亮我们的生活和人生。就一如这位百岁老人一样，尽管双目失明，但他的生活和人生却是明媚的，因为他有阳光般的心态。

心态决定命运，我们很多的不如意往往是我们自己造成的，并不一定都是由于客观因素的限制。客观因素或许会让我们一时陷入窘境之中，但最终能否走出去，关键在于我们有一个什么样的心态。这个世界上难免会有阳光照射不到的角落，如果眼睛只盯着这些地方，抱怨世界的不公正，那我们终其一生也只能生活在黑暗里。

英国的一家报纸在1997年的12月刊登了一张照片，是英皇室查尔

斯王子与一位流浪汉的合影照。这张合影照来源于一次相逢，一次很有戏剧性的相逢。查尔斯王子在寒冷的冬天去伦敦的穷人区拜访，竟然意外地遇到了自己以前的校友。这位叫克鲁伯的流浪汉，曾经和王子就读于同一所大学。当他在人群中喊叫着，告诉王子自己的名字时，王子已经根本不能将他和自己记忆中的那个人联系在一起了。王子大学的同学怎么可能沦落到街头，成为一名流浪汉呢？他的人生又会是怎样的一种经历呢？

原来，克鲁伯也曾拥有显赫的家世和诱人的学历，可自从经历了两次失败的婚姻之后，他就变得自暴自弃起来，每天以酗酒为乐。最后，他从一名作家变成了街头流浪汉。在此我们不禁要问，是什么使克鲁伯从一位作家成为了流浪汉？是他那两次失败的婚姻，还是他因此而消极下去的心态？答案当然是不言而喻的。其实，从阴影笼罩在他心里的那一刻起，他已经输掉了自己的人生。这正如查尔斯王子在回忆起这个同学时所说的——"一个人对人生的态度比教育、金钱、环境更重要"。

心态是我们面对各种人生遭遇时的态度和反应。在生活中，遭遇逆境是每个人都不可避免的，此时，每个人的态度也就决定了将会有怎样的一个人生。好的心态能够使我们过上幸福的生活，差的心态却足以毁灭我们的人生。那位双目失明的老人之所以年过百岁依旧身体健康，就是因为他有着一颗阳光般的心态；同为师出名门的查尔斯王子的同学之所以从一名作家沦落为流浪汉，就是因为他的心一直被黑暗所笼罩着。

请让阳光照射进你的心灵里吧，因为阳光照射到的地方，乌云必定消散。

第三章　幸福的感觉

选择幸福的思想

当年格兰特总统问一位哲学家斯蒂尔："谁是最快乐、最幸福的人呢？"

斯蒂尔的回答出乎格兰特总统的意外，他说："谁能这么想，也能这么做的人，就是最快乐与最幸福的人。"

在一次讲座时，我讲快乐是自然状态，是正常的；不快乐是不正常的，是有原因的。有一位大学生反问："我倒认为，不快乐是正常的。"

人生就是一种选择，人的快乐与否也是一种选择，如果你想不快乐，那你尽可以这样思想。

其实人生中很多的对与错，特别是思想上的，是没有一个绝对的判断标准的，都只是人的一种选择。因此，凡是有助于我们人生成功与快乐的思想就是正确的，凡是不利于我们人生成功与快乐的思想就是不正确的。

快乐是你心理上选择的结果。生活快乐的法则就是要随时把守好心灵的大门，永远只让那些美好快乐的东西占据心灵，将那些不快乐、不开心的东西全部挡在门外。一个人的快乐程度有多大，就取决于你内心中能让多少美好的东西存在，而将那些不美好的东西排斥出去。

幸福，你可以选择

潜意识没有判断能力，只有执行能力。一旦潜意识接受了一个想法，它就开始执行。潜意识既执行好的想法，也执行坏的想法。你要是消极地使用这一规律，它就会给你带来沮丧、失败和不幸。如果你的习惯思绪方式是积极的、和谐的、具有建设性的，那你就会拥有健康、快乐、成功和一切美好的事物。

潜意识是土壤，意识是种子，思想播下怎样的种子，潜意识就帮你收获怎样的果实。所以，选择幸福的思想，就有幸福的结果。

有一次和同事去北京旅游，计划玩十多天。可第二天同事的钱包掉了，于是他心烦意乱。我劝他可以先用我的钱，不够了还可以找北京的朋友借。反正钱已掉了，烦也没用，不如忘掉它，只当没发生过，照旧开开心心地去玩，说不定这辈子就来北京这一次。

但他始终心情不佳，玩起来无精打采，每次跟我出去时，都耷拉着脑袋，苦着一副脸，就像我欠他的钱一样，弄得我也无心游玩，只好对他说："我们回去算了。"

于是我们买好了车票准备提前回家，可就在收拾行装时，突然发现他的钱包夹在床缝中。这下他顿时喜出望外，可我在一边真恨不得踢他一脚。一次本来非常美妙的生活旅程就这样被他破坏了。他的钱虽没有失去，却失去了一次对美好生活的享受。

林肯说：人们都是自己想要怎么快乐，就能怎么快乐。我们的烦恼几乎毫无例外是属于心理上的，而不是生理上的。

其实不仅是快乐，人生中的成功、友善、博爱无一不是你选择的结果，你想获得幸福的生活，你就必须在潜意识里种下幸福的思想，

第三章　幸福的感觉

它就能帮助你收获幸福的人生。

你想快乐，就要在潜意识里播种快乐；你想要成功，就要在潜意识里播种成功。

人的外在世界是人内心世界的反射，所有外在的改善都来自人内心想法的改善。

所以，选择高贵，选择积极主动，选择终生学习，选择一切有助于你人生幸福的思想，你就会真的拥有幸福的人生。

只让生命中的美好充满你的心灵，在爱中生活，在梦想中生活，你就能过上成功而快乐的生活。

所以说，潜意识是土壤，意识是种子，你思想播下怎样的种子，潜意识就帮你收获怎样的果实。

选择幸福的思想，就有幸福的结果。

幸福，你可以选择

幸福，其实很简单

幸福，其实很简单，但也不简单。首先，要知道自己到底想要什么，什么才能给你带来幸福。其实，有时候静下心来自己想想，竟不知道自己一直苦苦追寻的是什么？名誉、地位，还是权势？在探究这些之前，先看一个小故事。

在风景旖旎的奥地利阿尔卑斯山下，坐落着这样一座豪华别墅：占地总面积超过1000平方米。这栋别墅依山傍水，看起来诗意盎然。别墅内雍容华贵，富丽堂皇，有游泳池、喷泉、桑拿、酒吧……总之，就是各种奢华设施应有尽有。有人估价说，总价值约150万欧元。而它的主人，是当地一位很有名的富翁，名叫卡尔·拉伯德尔，47岁。在这样的豪宅里生活，可谓是人间天堂，也算是人生的一大幸福。

有一天，卡尔·拉伯德尔却突然做了一个令所有人都咋舌的决定：他要卖掉别墅，将所有资产捐给慈善机构。这个消息一出，有人说他是在炒作，有人说他定是脑子进水了，甚至还有人说他这是在作秀，是图名利。面对外界的议论，卡尔·拉伯德尔只字未提。他默默地按照自己最初的想法，将别墅的总资产设置成两万余张的彩票发售，每张99欧元。彩票一发行，无数人趋之若鹜，整座别墅瞬间被围了个水泄不通。

去年8月16日，也就是彩票发售的最后一天。一位德国女性成了这座别墅的幸运儿。这一吸引人眼球的新闻，早已让众媒体急不可耐，无数媒体瞬间就蜂拥而至。已经沉默一年的卡尔·拉伯德尔，对着记者们的"长枪短炮"发表了简短的讲话：

"在我还是一名摄影爱好者的时候，我曾经历过这样一个村庄：方圆几里都是一片废墟，楼房没了，树木没了，马路没了，四周一片死寂……我还发现了，无数无家可归的孤儿寡女，衣衫褴褛地蹲在墙角，许多穿着裤衩的小孩，冷飕飕地蜷缩在用坦克皮围成的'小房'里……"也就是从那一刻起，我突然觉得什么香车美女，对我完全没有了吸引力了，我应该为别人做点儿什么。

话毕，他把彩票所得的全部资金，当场委托给当地的慈善机构，让他们将款项作为贫困儿童专用资金。

当记者问及卡尔·拉伯德尔今后的打算时，他笑着说，他马上就要搬到阿尔卑斯山上了。

那儿有他搭好的小木棚，那里沉静得像一座教堂，他需要安静地做点儿事，他着手准备写一本关于"孤儿"的书。

翌日，关于"富翁售豪宅为公益"的新闻满天飞，但话题无非就是感叹富翁如何慈善为怀等不得要领的文字。只有在萨尔茨堡市的一家地方小报，报道这则新闻的时候，它的标题用了——知道自己需要的是什么，才叫作幸福。

你有没有在这个故事中，得到一些感悟呢？幸福需要"内视镜"，你首先要做的就是，知道你需要什么，你又想要什么。

很多时候，困住我们的其实是我们自己。挣脱心灵的枷锁，摆脱生活的困境，经过苦难磨炼，人方能得以成长。

一个小孩在看完马戏团的表演后，随着父亲到帐篷外拿干草，喂表演完的动物。

小孩注意到一旁的大象群，问父亲："爸，大象那么有力气，为什么它们的脚上只系着一条小小的铁链，难道它无法挣开那条铁链逃脱吗？"父亲笑了笑，耐心为孩子解释："没错，大象是挣不开那条细细的铁链。在大象还小的时候，驯兽师就是用同样的铁链来系住小象，那时候的小象，力气还不够大，小象起初也想挣开铁链的束缚，可是试过几次之后，知道自己的力气不足以挣开铁链，也就放弃了挣脱的念头，等小象长成大象后，它就甘心受那条铁链的限制，而不再想逃脱了。"

正当父亲解说之际，马戏团里失火了，大火随着草料、帐篷等物，燃烧得十分迅速，蔓延到了动物的休息区。动物们受火势所逼，十分焦躁不安，而大象更是频频跺脚，仍是挣不开脚上的铁链。

炙热的火势终于逼近大象，只见一头大象已被火烧着，灼痛之余，猛地一抬脚，竟轻易将脚上的链条挣断，迅速奔逃到安全的地带。其余的大象，有一两只看到同伴挣断铁链逃脱，立刻也模仿它的动作，用力挣断铁链。但其他的大象却不肯去尝试，只顾不断地转圈跺脚，而遭大火席卷，无一幸存。

在大象的成长过程中，人类聪明地利用一条铁链限制了它，虽然那样的铁链根本系不住有力的大象。

在我们成长的环境中，是否也有许多肉眼看不见的链条在系住我们？而我们也就自然而然将这些铁链当成习惯，视为理所当然？

就这样，我们独特的创意被自己抹杀，认为自己无法成功致富；告诉自己难以成为配偶心目中理想的另一半，无法成为孩子心目中理想的父母、父母心目中理想的孩子。然后，开始向环境低头，甚至于开始认命、怨天尤人。

这一切都是我们心中那条系住自己的铁链在作祟罢了。或许，你必须耐心静候生命中来一场大火，逼得你非得选择挣断链条或甘心遭大火席卷。或许，你将幸运地选对了前者，在挣脱困境之后，语重心长地告诫后人，人必须经苦难磨炼，方能得以成长。

很多时候，困住我们的其实是我们自己。

幸福，你可以选择

从幸福中看穿自己

幸福是什么？按年轻人的话说就是：猫吃鱼，狗吃肉，奥特曼打小怪兽。做自己想做的，做自己能做的，在自己的范围里做自己力所能及的事，这就是幸福。虽说这话是一句幽默的言语，但也不难看出我们年轻一辈对幸福新的解释。

我们知道，让我们疼痛的那部分是上帝赐予我们的一只手，在关键时刻拉我们一把，扭转局面，实现目标。

我们生病的时候，如果身体的某个部位不舒服，我们就感到反常，感觉机能不如以前。等身体恢复健康以后我们会惊奇地发现，生病的器官机能比以前强多了。一个叫阿费列德的外科医生揭示了这个谜底。他在解剖尸体时发现了一个奇怪的现象：那些患病的器官并不如我们所想象的那样糟糕，相反，在与疾病的抗争中，为了抵御病变它们往往变得比正常的器官机能要强。

阿费列德由此总结出"跨栏定律"，即一个人的成就往往取决于他所遇到的困难和程度。正是在与困难的拼搏中，人们才一步步强大起来。

看过这样一个火灾报道。一个工厂的宿舍区半夜里发生火灾。当时许多工人在上夜班，仅有几个人在宿舍里，其中有一个年纪偏大，平常在工厂的食堂里帮忙烧饭。灾难袭来时，大火封锁了消防通道，

现场一片混乱。为了求生，人们都争着外逃，其中包括那个老人。等救援的人赶到现场时，那些快逃到门口的人早已昏厥在地，有的被大面积烧伤，有的被燃烧后倒塌的梁柱击中要害，当场死亡。等援救人员扑灭大火，清理现场时才发现在厕所后边一扇破了的窗户下躺着一个人，他是唯一的幸存者。这个幸存者不是年轻力壮的青年，而是一个老人，他只是轻微地受了点外伤。

这让救援人员十分惊讶，他们根本不相信体弱年衰的他能够逃生。

更令人惊讶的是，这名幸存者一只眼睛已经失明，而且腿部还有残疾，平时走起路来一瘸一拐的。

有人问他，当时他怎么想的？他的回答是："我没有多想，只是在最短的时间里想了自己平时最留意的地方。因为我只有一只眼睛，平时我就努力记住容易被健全人所忽略的地方，比如厕所后面那扇矮矮的窗户，那是一般人不重视的地方，我正是从那里爬出来的。"有个记者追问他："逃生时你不感到身体疼痛吗？"

"当然，但是根本顾不上了，正是因为疼痛，我才不走和他们同样的求生道路，我只想早点摆脱这种疼痛，没想到爬出窗户就不疼了。"

在场的人翘起大拇指，噙着泪，连声说佩服。

这个事例和阿费列德医生得出的结论十分吻合。原来，让我们疼痛的那部分，其实是个宝。

我们不是跌倒在自己的"疼痛"上，恰恰相反，我们是跌倒在自己的健康上。身体再健康，如果没有"疼痛"，我们也会摔跟头。

幸福，你可以选择

让我们疼痛的那部分是上帝赐予我们的一只手，在关键时刻拉我们一把，扭转局面，实现目标。

幸福有时像顽皮的孩子，他会跑来蒙住你的双眼；幸福有时又像羞涩的少女，总是喜欢用面纱遮住自己娇嫩的脸，当她飘然而过，望着那模糊的背影，我们才会怅然说道："那，可是幸福？"

提起幸福，总会浮现一些美好的画面。儿时，母亲悄悄塞在手里的一颗糖果；在外受到委屈时伏在母亲怀中，听母亲柔声的安慰；节日时，一张张盛满祝福和思念的贺卡，手机里传来的温暖短信；儿时在天空中放飞的风筝，还有过年时那绽放的礼花；与亲密的朋友分别后，一封封穿梭在岁月中泛黄的书信；亲朋好友从千里之外打来的电话；与父母、兄弟姐妹相聚，一起轻言细语，谈家长里短；深夜里为电视情节中的主人公洒下的那滴热泪；独处时，随手敲下的一段文字；与知心朋友的一次交心。春风中，在万米阳光下绽放的第一枚柳芽；夏日里，一场疾雨后高悬天边的彩虹；秋风中，静静飘落的一片金黄；寒风中，自由飞舞的雪花。

也许，你会问："这，就是幸福？"是的，时光流逝，能够紧握在手中的幸福，也只是这样一些微不足道的点点滴滴。所以，我们应该从平凡中寻找幸福。

我们总希望自己能看穿别人，那样就可以游刃有余地和别人交流，知道别人内心真实的想法，说到别人的内心去，真诚地和别人交朋友。这首先取决于我们的观察力，但是我们怎么才能从幸福中观察到自己的内心呢？每当我们看到别人幸福的场景时，有羡慕、嫉妒、

恨，我们一直以为那也是我们寻找的幸福，是我们内心深处对幸福的向往。殊不知从别人的幸福中我们可以看穿自己的内心。从自己的幸福中我们一样也可以看穿自己的内心。

有时我们会从一件小事中领悟出我们所苦苦寻找的幸福在哪里。于是我们朝着那个方向改正自己的缺点，一步步向幸福迈进。从幸福中感悟人生，提高自己的精神境界，发扬优点，改正缺点。通过幸福，感受亲情，感受友情和爱情，感恩世界，从高处审视自己，进而追求永恒的幸福。

所以说，我们从幸福中看穿自己的欲望，看穿自己的内心世界，从而总结出我们所追求的幸福是什么，然后往那方面努力，最后享受自己的幸福。这是最完美的境界。在我们追求自己幸福的过程中，我们也会不断地感悟到幸福的真谛，从而会追求简单的小幸福，感受自己身边的微小的小幸福。知道如何感受幸福了，我们就会发现身边到处都是幸福，幸福是一件很简单的事，那样我们就会一直很幸福。所以，从别人和自己的幸福中看穿自己的内心是追求永恒幸福的捷径。

朋友们，从今天开始我们从幸福中看穿自己的内心，一起做一个幸福的人吧。

幸福源于对生活的发现和关注

幸福是什么？其实幸福没有绝对的答案，关键在于你的生活态度。健康地活着，就是一种莫大的幸福！

一直以为感受幸福是件很困难的事，那是一种灯火阑珊处的境界。经过岁月的流年以后，才明白，幸福其实很简单，只要心灵有所满足、有所慰藉，就是幸福，善于抓住幸福的人才懂得什么是幸福。

幸福是什么？其实很简单。一朵鲜花，一片绿叶，常常可以带来幸福的气息；一杯清茶，一缕茶香，可以品出幸福的滋味；一间陋室，一卷书册，可以领略幸福的风景。幸福不仅在于物质的丰裕，幸福更在于精神的追求与心灵的充实，幸福是一种感受，一种意识，是柔风拂面的惬意，是玫瑰盛开的芳香，是远处掠过湖面传来的小夜曲。

没有谁的一生都是完全幸运的。漫长的人生路上，总会遇到"幸"与"不幸"，"幸运的事"可遇不可求，"不幸的事"我们可以通过提前预防，来降低"不幸"的概率。

让孩子凡事做好准备，可以人为地避免许多可能会发生的"不幸的事儿"，例如：考试前检查好笔袋，看需要用到的文具是否带齐了，可以避免临考前的惊慌；游泳下水前，认真做好准备运动，可以避免下水后腿部发生抽筋的现象等。

凡事都认真仔细对待，可以想到的事故隐患提前处理，有利于孩子将每一件事情都完满、顺利地完成。可想而知，要想做"天生的幸运儿"，有时候还得在后天下一番苦工！

　　体验幸福，要有一颗纯真的心灵，要有懂得欣赏自然、甘于淡泊的智慧，要有宠辱不惊、纵横天地的气度，名誉和鲜花常常带给功名显赫的人物，然而物质的幸福常常是被人看中，更甚于精神的幸福。这个世界有人喝琼浆而忧，有人却饮白开水而乐。幸福是流放者的歌，唯有知音才能懂得其蕴意。幸福往往离不开健康的体魄、愉快的心情，幸福往往离不开必要的物质生活保证，但是局限于物质的幸福始终不是真正意义上的幸福。幸福是精神的充实、心灵的宁静、灵魂的坦荡，其次，才是物质生活的安逸。

　　在生命的旅途中，一定会遇到各种挫折和困境。这时，只要心头有一个坚定的信念，努力地去寻找，就一定能够渡过难关。

　　一只航行中的船只在大海上遇上了突如其来的风暴，不久便沉没了，船上的人员利用救生艇逃生。在大海中，他们被海风吹来吹去，一位逃生者迷失了方向，救援人员也没能在搜寻中找到他。

　　天渐渐地黑下来，饥饿寒冷和恐惧一起袭上心头。然而，他除了这个救生艇之外一无所有，灾难使他丢掉了所有，甚至还即将夺去他的生命，他的心情灰暗到极点，他无助地望着天边。

　　忽然，他似乎看到一片灯光，他高兴得几乎叫了出来。他奋力地划着小船，向那片灯光前进，然而，那片灯光似乎很远。天亮了，他还没有到达那里。

他继续艰难地划着小船，他想那里既然能看到灯光，就一定是一座城市或者港口，生的希望在他心中燃烧着，死的恐惧在一点点地消失。白天时，灯光是自然没有了，只有在夜晚，那片灯光才在远处闪现，像是在对他招手。

一天过去了，食物和水已经快没有了，他只有尽量少吃。饥饿、干渴、疲惫更加严重地折磨着他，好多次他都觉得自己快要崩溃了，但一想到远处的那片灯光，他又陡然添了许多力量。第四天，他依然在向那片灯光划着，最后，他支持不住，昏了过去，但他脑海中依然闪现着那片灯光。

晚上，他终于被一艘经过的船只救了上来，当他醒过来时，大家才知道，他已经不吃不喝在海上漂泊了四天四夜。当有人问他，是怎么坚持下来时，他指着远方的那片灯光说："是那片灯光给我带来的希望。"大家望去，其实，那只不过是天边闪烁的星星而已！

在我们每个人的生活中，都需要燃起这样的"灯火"。当我们被失败和挫折所困扰时，抬头看看前面的灯火，便会心生勇气和力量。因为那是我们日夜企盼的目标，我们是那样地希望得到它，又怎会随便放弃呢？

其实，幸福就是一种感觉。当你所期望的能够实现，你感到满足的时候，你就是幸福的，否则，你会感觉幸福离你太远。

人总是要往高处走，这没有什么不对，人是应该往高处走的。可是对于自己，对于未来，不能估计过高，要量力而行。当你的目标能实现的话，你的心里会感到很满足，那一刻你是最幸福的。可是如果

目标订得太高，久久不能实现，你就会怀疑自己，心理压力也会越来越大，人的贪婪和不易满足会让你觉得幸福离你很远很远。所以，每个人应该把自己的心态调整好，做个容易满足的人，或者一步一步实现你心中的计划，这样你会觉得幸福时时刻刻围绕着你。

容易满足的人总是幸福的，打个比方，你在冻得发抖的时候能穿上一件棉衣，就是幸福的；在饿得发慌的时候吃上一顿饱饭，就是幸福的；在你很久没睡觉的时候能够饱饱地睡上一觉，也是幸福的。

其实，幸福主要是看你自己怎么想的。也许是根据个人的处境定义的吧，有的人认为，别人拥有跑车很幸福，但是反过来想，自己身体很健康也很幸福啊，没准他们还在羡慕你呢。所以，现在的人最缺少的就是知足和珍惜！知足自己现在的生活，努力地争取未来。珍惜现在拥有的一切，不要等到失去了才后悔，这样就足够了，何必想得那么复杂，开心快乐就好，平平淡淡才是真。要善于从生活中寻找幸福，发现幸福，感悟幸福。

第四章
幸福在于态度

　　科学家的天职叫我们应当继续奋斗，彻底揭露自然界的奥秘，掌握这些奥秘便能在将来造福人类。

——[法]约里奥·居里

命运在你的一念之间

无论你想摆脱一种什么样的命运所设下的羁绊，只要鼓足勇气，砸碎头顶那个虚拟的玻璃罩，拉动一下那根栓了你多年的木桩就可。其实，改变命运就在一念之间。

有一只小象非常顽皮，不管主人把它拴在哪里，它都会想尽办法挣脱。主人实在拿它没办法，最后只好把一根坚硬的木桩钉入地中，将它拴在木桩上，不论如何用力都挣不开。从此，它就乖乖地被绑在那里，每天只能绕着绳子的长度转。小象渐渐地长大，成为一只力大无比的巨象，可以拖拉很多的重物，但是只要把它绑在木桩上，它就静静地立在那里。主人甚至只是象征性地随便将木桩插在地上，大象只要稍稍用一点劲，木桩就会被拔起，但是这只象却顺从地站在那里，丝毫不敢越雷池半步。

一如我们人类，我们很多时候都是相信命运的，特别是在遭受挫折的时候，往往将罪责一股脑地归结到"命运"身上。说穿了，人们所指的命运，其实就是人们自己给自己设置的一根木桩，命运就是你自己的思维方式与习惯，你的创造能力和你的分析能力及决断力，还有你的意志、胆识和处世方式等。很多时候，我们自己创造了自己的命运，而不是被命运所创造。千百年来，人们一直自欺欺人地认为是命运创造了人生，并把自己的愚蠢行为统统归罪于命运，这是一个误

区。

力大无比的大象可以拔起一棵树，而它却屈服于一根小小的木桩，这不是因为它没有能力改变，而是从骨子里就不存在要改变的意识。因为小的时候它曾经试过多次，它认为自己绝对不可能做到拉动木桩，所以，它认定了一根牢牢钉在地上的无法拉动的木桩就是它一生的命运，它再也没有想过要去抗争。在长大以后的多少年中，它试都没有试过一次！

你所屈服的命运其实也不过是一根象征性插在地上的木桩，而你却被牢牢地拴在了那里，动都不敢动一下，那么，你的命运只能是原地不动。

你的木桩，就是你的思维方式和行事的惯性。它让你围绕它打转，永远走不出绳子所在的长度。在命运面前，不敢越雷池半步的人，无疑将会彻彻底底被命运所降服，永远一事无成。

这就是人往往被命运所限的理由。每想做一件事之前总有至少十条虚拟的可怕后果在吓自己，使你不得不缩回头去。这些后果就像是可怕的暗礁，让你放弃了行船。所以，你的命运就是原地打转。

无论你想摆脱一种什么样的命运所设下的羁绊，只要鼓足勇气，砸碎头顶那个虚拟的玻璃罩，拉动一下那根拴了你多年的木桩就可。其实，改变命运就在一念之间。

万事都有定期，万物都有定时。生有时，死有时；哭有时，笑有时；相守有时，分离有时；幸福有时，失落有时；栽种有时，采摘所种之物亦有时；拆毁有时，建造有时；撕裂有时，补漏有时；静默有

时，言语有时；喜爱有时，恨恶有时；战争有时，和平有时。

生活变化无常，今天也许我们还在拥有幸福，明天也许就面临着意想不到的灾难和风雨。现实有时候像一个隐藏的诡计，处处充满着险恶与陷阱，也许我们已经非常谨慎了，但生活总是依然会给我们开一些或大或小的玩笑，让我们措不及防。

面对上帝跟我们开的玩笑，你会怎么做呢？是任由命运的摆弄，让上帝看我们哭泣？还是忍着眼泪告诉上帝"我不怕你"？有的人也许会选择前者，因为除了哭泣，我们还能怎么做？也有人会选择后者，跟上帝开个玩笑，告诉他，痛苦不过如此。我想，敢于跟上帝开玩笑的人，肯定是一个有着平常心的人，一个把任何痛苦都看得淡如云烟的人，一个豁达、自信的人。

在纽约市中心办公大楼里，有一个开货梯的人。由于一次意外，他的左手齐腕被砍断了。一天，有人问他，少了那只手会不会觉得难过？他说："不会，我根本就不会想到它。只有在要穿针引线的时候，才会想起这件事情来。"

在我求学时期，曾听到这样一个故事：

在"文化大革命"中，一所大学里，中文系的一个老教授和音乐系的一个老教授同时被下放到非常偏僻的农场。他们每天的工作都一样，就是割草。一年以后，那位中文系的老教授不堪生活的折磨，含恨离开人世。那位音乐系的老教授仍默默地割草，劳动之余，还要哼上几首曲子。日复一日，年复一年，六年的时间一晃而过了。

音乐系的老教授又回到了当年任教的大学，重执教鞭。人们惊

讶地发现，六年的苦难生活并没有使他衰老，站在讲台上的他，一如当年那样神采奕奕。很多人问他，在农场的六年时间是怎么样熬过来的。他说，每一次割草都按照音乐的节奏割的，割草对他来说，就是欣赏音乐。

把割草也当成一种享受音乐的大餐，这是多么豁达的胸怀啊！命运给我颜色，我正好开个染坊；命运给我一地的碎玻璃，我何不将它们制成可以跳天鹅舞的水晶鞋？有一颗如此看透一切的心，还会有什么苦难不可以承受呢？

人生是一场没有保险的旅途，难免会遇到各种各样的意外遭遇。此时我们要告诉自己，这或许只是上帝跟我们开的一个玩笑，我们不妨怀抱着一种平常的心态，也以玩笑的形式回敬上帝呢？这样的一种心态，会让我们虽遭受苦难艰辛，仍甘之如饴；虽处在风口浪尖，仍如履平地。

即便我们不能像古人那样，泰山崩与前而形不变色，但一颗平常的心，足以让我们更好地体验生活的真谛，感受生活的美好。在这样的体验和感受之上，还能够让我们有一颗宽容的心。

人生就是一场游戏

很多人将人生看成是一场战争。其实，人生更像一场游戏。

人生是一场充满得与舍的伟大游戏。在人生的游戏场上，只有遵循这宗教教规般的游戏规则才能赢得这场游戏。

"种瓜得瓜，种豆得豆"，其实就是说人的言行举止所带来的后果最终会以同样的方式回报给自己。种下什么因，就会收获什么果！种下怨恨，收获的只能是怨恨；以爱对人，别人也会以爱对你；对人苛刻，得到的就会是别人的苛刻；愚人者最终被愚，欺人者难逃被欺。

自我形象的刻画左右着人生游戏的结局。这是说，一个人心中把自己刻画成的形象迟早会在自己身上出现。我曾有一位相识，该先生时常担心自己患上某种疾病，事实上该病不但十分罕见，而且也不容易患上，但他却老是想象自己患上了该病，并沉浸在对该病的恐惧之中，结果他真的患上了该病，并因此而丧命。可以说，他的不幸，正是因为他错误地或者说扭曲地刻画了自我形象。

要想赢得人生这场游戏，我们须有意识地训练这种自我形象刻画的能力，让它尽可能向美好的方向发展。如果我们的形象刻画中只出现人生的美好，那生命的馈赠如健康、财富、爱情、友情、自我价值实现等就会接踵而至。

有人把这种自我形象刻画或想象力称为"思想的剪刀"，它会一刻不停地裁剪，最终将一个人修剪成自己想象的模样。而想要有效地训练这种想象力，我们首先要明白思想运作的方式，就像希腊人说的"认识自己"。

人的思想分为三个层次：潜意识、意识和超意识。潜意识是一种没有方向指向的能量。就像水蒸气或电流一样，只能顺着设计的渠道流动。潜意识没有对信息进行消化分解的能力，强烈的感触和清晰的想象，都会在潜意识层面上留下深刻的印记，并在行为细节上得以体现。

有一位女士，孩提时代起就经常将自己打扮成一个丧偶的人。她终日身着黑衣，头戴黑色面纱，见过她的人都觉得她十分奇怪。成年后，她与深爱的人喜结连理，然而爱人却在婚后不久便离开了人世。此后的很长时间内，她都是黑衣裹身，黑纱蒙面。孩提时对自己丧偶的想象在她潜意识里根深蒂固，多年之后便自动实现了。

意识又被称为"常态意识"或"世俗意识"，它是人类对外界的感知和人生变迁的心理反应，即灵魂。它目睹死亡、灾难、疾病、穷困和种种局限，并将其映射于潜意识之中。

超意识则是上天赋予人类内在的一种"舍我其谁"的意念，是最理想化的形象刻画。超意识中包含着柏拉图描述的"最完美形象"——或称"神圣设计"，因为对任何人来说，此种"神圣设计"都是存在的。

"世之缺憾，舍我而不能弥补；天之大任，非我而不能功成。"

超意识里往往存在着这样一种完美设计的画面，而它闪现在意识

层面时，却让人感觉如此不可触及——"完美得叫人不敢想象。"更像是幻想，实际上，这往往是一个人天命所在，超意识只不过是利用人们内在的无限智慧，让天命在我们眼前闪过罢了。然而，很多人习惯于忽视天命的归属，而是苦苦地去追寻并不属于自己的东西，最后即使得偿所望，也难免会有无尽的失落和无奈的叹息。

有一位女士来求我，让我设法促成她和她深爱的先生甲的姻缘。我说："如果先生甲就是你的归宿，那么他终究会来到你的身边；如果不是，你也会找到属于你的幸福。"

这位女士与先生甲经常见面却无法突破友情的界限。某天晚上她打电话给我："你知道吗？上周我突然感觉甲其实也不是那么好。"我答道："他可能不是你要等待的人，你的王子还在等你。"不久后，她遇到一位男士，对方对她一见钟情，并且认为她就是他的公主。事实上，这位男士所说的每一句话，都是她希望能从先生甲口中听到的。

她叹道："太不可思议了。"

很快，她爱上了这位男士，并逐渐淡忘了先生甲。

这就是替换法则。当我们用正确思维与行动代替错误的，便不会再有损失和伤害了。

很多人，因为自己无心的话语，引火烧身而遭遇了生活的磨难。

曾经，有位女士哭诉为何她如此穷困落魄。她以前家庭和谐、生活富裕，然而她却厌倦操持家务，还经常说："我讨厌这些东西，要是住在拖车里多好。"随后她说，"我现在就住在拖车里。"潜意识

不懂你的幽默，这种无心的自我调侃往往会导致不幸的遭遇。

还有一位女士，腰缠万贯，却总开玩笑说自己"准备去住救济院了"。结果几年之后她真的一贫如洗，因为困苦与潦倒早已深深地印在了她的潜意识里。

幸运的是，该法则是双向的，匮乏也可能被充裕所代替。

有一位女士在炎炎夏日找到我，咨询如何发财致富。当时她神情沮丧，一脸疲倦。她说她的全部身家只剩下了50美元。我告诉她："好，现在让我们祝福这50美元，希望它能倍增。"每个人都有祈福和倍增的能力，也有抚慰和富足的能力。

她问："我接下来该怎么做？"

我答道："追随直觉。你有没有'预感'想要做什么事或去哪里？"直觉并非无稽之谈，而是人对自己的内在引导，是人们正确的导航。我会在下一章详细讲述直觉法则。

她回答说："我不清楚——我感觉想要回家。我的钱刚好够付车费。"

她家住遥远的城市，一个贫困落后的地方，如果靠理性判断，她可能会留在纽约，找份工作赚钱。而我对她说："那就回家吧，不要忤逆直觉。"然后我为她祈福。尔后，她踏上了返乡之路。

某天，她去拜访一位女性朋友，偶然联系到了一位家族老友。通过这位老友，她奇迹般获得了几千元。后来她常对我说："来找你时我只有50美元，凭着直觉行动我果真得到了更多。这个故事你一定要告诉别人。"

人生之路充满财富，但只有通过渴望，信念和所说之词才能使之显现。耶稣基督明确教导我们，人必须跨出第一步。

"请求，便会求到；寻找，便会找到；敲门，门便会开启。"

每个渴望，无论说出与否，都是一个要求。我们通常会因为愿望突然实现而惊讶不已。

比如说，有一年的复活节，我看到花店的橱窗里陈列着许多漂亮的玫瑰树，便希望会有人送我一棵。就在那一瞬间，我脑海中闪现了有人把玫瑰树送到我家门前的情景。复活节当天，我果真收到一棵玫瑰树。第二天我向朋友致谢，并说这正是我想要的。结果她说："我送你的是百合，不是玫瑰树。"原来送花人搞错了，他之所以把玫瑰树送给我，因为我心中一直想着：我一定要玫瑰树。

在人与自己的最高理想，以及内心的每个渴求之间，除了怀疑和恐惧，再没有任何阻碍。只要消除疑虑，虔诚地祈祷，每一份渴望都会立即实现。

恐惧是人类唯一的敌人——恐惧匮乏，恐惧失败，恐惧疾病，恐惧失去，甚至毫无来由的不安。我们要做的是，用信仰取代恐惧，因为恐惧是倒置的信仰，恐惧相信邪恶，而非真善美。

看清人的真善美，消除邪恶的心理印记，这才是人生游戏的目的。要做到这点，就必须将真善美深深印在潜意识里。有位功成名就的智者曾告诉我说，当他看见房间里悬挂的牌子上的字时，所有的恐惧突然从意识里完全消除了。牌子上写着"为何恐惧？有些事情也许永远不会发生。"这些字牢牢印在他的潜意识里，不可磨灭。如今，

他坚信只有美好的事物才会出现在生命里，只有真善美才会显现。

潜意识是忠实的仆人，但我们一定要非常谨慎地给予正确的指示。潜意识是人类的倾听者，它一直沉默地随侍在每个人的身旁。

每个念头、每句话，都深深印在潜意识中，并在细节中得以体现。就像歌手把声音录在灵敏度很高的唱盘上，每个音符、每个声调都被记录下来，即使是咳嗽或迟疑，也不会漏掉。因此，让我们粉碎潜意识里那些我们不想再保留的旧唱片，重新创造新的、美好的作品。

带着信心和力量，大声说出下面的话："现在（用我的言语），我要粉碎潜意识里每一个错误的记录，让它们回归尘土，因为它们本来就是虚无的想象。现在，透过内在的神性，我要在健康、财富、爱情和自我实现上，创造美好的新记录。"这才是生命的乐章、游戏的完美结局。

态度决定一切

新东方教育科技集团董事长俞敏洪说："生活中其实没有绝境。绝境在于你自己的心没有打开。你把自己的心封闭起来，使它陷入一片黑暗，你的生活怎么可能有光明！封闭的心，如同没有窗户的房间，你会处在永恒的黑暗中。但实际上四周只是一层纸，一捅就破，外面则是一片光辉灿烂的天空。"

心态，是人的意识、观念、动机、情感、气质等心理状态的一种，是一个人对待事物的一种内在驱动力，它对一个人的思维、选择、言谈和行为有着导向和支配作用。一个人态度不同，则表现的观点大不相同。很多时候，一个人的成败就在那一念之间，正所谓心态决定成败，决定一个人的人生命运。

2002年，一个外国人的名字传遍中国，他带领着中国足球队冲出亚洲，走向了世界。这个人就是前中国男子足球队主教练米卢。米卢常对球员说的一句话就是："态度决定一切！"

没错，一个人对待事物采取何种态度，决定了这件事情的结果，从而也就决定了一个人的人生走向，甚至人生命运！

选择快乐，还是痛苦，成功还是失败，向前还是后退，都在于一个人的心态！

遇到不开心和困扰的时候，换个角度，转个弯，以积极的心态看

待，你会发现你的人生就大不一样。

我国著名作家周国平在他的散文集《安静的位置》中记录过这样一个故事：夏天的傍晚，一个美丽的少妇投河自尽，被正在河中划船的白胡子艄公救起。

"你年纪轻轻，为何寻短见？"艄公问。

"我结婚两年，丈夫就遗弃了我，接着孩子又病死，您说，我活着还有什么乐趣？"少妇哭诉道。

"两年前你是怎么过的？"艄公又问。

少妇的眼睛亮了："那时我自由自在，无忧无虑……"

"那时你有丈夫和孩子吗？"

"没有。"

"那么，你不过是被命运之船送回到了两年前，现在你又自由自在、无忧无虑了，请上岸吧。"

话音刚落，少妇已在岸上，艄公则不知去向。少妇犹如做了一个梦，她揉了揉眼睛，想了想，离岸走了，没有寻短见。

人的一生总会遇到磕磕绊绊，得到一些，又失去一些，而现实中的人们总是念念不忘自己的所失，为其抱怨、难过，为什么不能换个角度想 想呢？

歌德曾经说过："人之幸福在于心之幸福。"人生在世，之所以很多人不快乐，并非是他有着诸多让他不快乐的事情，他的不快乐是因为他对这些事情的看法所产生的。物随心转，境由心造，烦恼皆由心生。如果他能转变角度，改变看法，他便能够生活在快乐的状态

中。就像一个人在酷热难耐的夏季行走，看看行囊中剩下半瓶水，有的人就会想："哇，还有半瓶水呢，太好了！"而有的人就会想："哎，怎么只剩了半瓶水呢？"同样的状况，前一个人就会很开心，后一个人就会很沮丧。

过去的已经过去，从过去中跳出来，活在当下。很多时候，一个人的烦恼和苦难都是因为他依靠过去生活中所得到经验做出的错误判断，如果能够适时跳出来，换个角度看，人生就会少了很多失意、遗憾和抱怨，多了很多快乐和进取！

为什么有些人较其他人成功，就能拥有自己不错的事业，拥有良好的人际关系，拥有健康的身体，过着充实、快乐而幸福的生活。而有的人一生忙忙碌碌，却只能维持生计。人并没有多大的差别，之所以拥有不同的人生，一个人的心态有着决定性的作用。

有人说，他的家境好，所以他成功了！可为什么仍有那么多成功人士是白手起家呢？因此，我们说，一个人的境况往往不是周围环境决定的，而是一个人的心态，心态决定了一个人的眼界、一个人的视野，以及所能取得的成就。成功的人他们总是能够在逆境中也不忘寻找机会，始终能够以积极的态度思考问题，以乐观的精神探索出路，对他们而言，失败、困难只不过是他们前进路上的一个小沟壑，他们坚信自己能够成功；而那些失败的人则恰恰相反，他们遭受失败和困难的折磨无法自拔，怀疑自己，怀疑事情无法继续、无法成功，而结局也正如他们所担忧的那样。

有一位代课的语文老师，老是觉得自己的水平不够，经验尚且不

足，还不能教授这些高三的学生课程。有时候有调皮的学生在课堂上交头接耳，他就会想是不是自己哪里讲错了，觉得学生在议论自己，内心总是承受着煎熬。而实际上，那些学生不过是在说一些其他的事情，与他的讲课根本无关。一堂课下来，他的心理压力非常大。时间一长，整个人都要崩溃了，后来甚至在课堂上讲不出话来。无奈，自己辞职回家。

一个人的心态指引着一个人前行的方向，自信、积极的心态引领我们不断走向成功，而自卑、消极的心态只会成为自己前进途中的拦路石。

有哲人说过："你的心态就是你真正的主人。"没错，面对纷繁复杂的社会，我们需要修炼的是我们的内心，修炼自己面对任何事情都能抱有一颗平和、积极的心，那么你就把握了自己，把握了人生，做了自己的主人！

有两位70高龄的老人，一位觉得自己这把年纪该做的已经做了，该享受的也享受了，已经走到人生尽头了，于是便开始料理后事。而另一位却觉得自己前面的人生还很长，他觉得自己还能做很多事情。第二位老人便开始学习登山。很多人觉得不可思议，70岁的老人还要登山，这不是异想天开、不要命吗？然而老人自己却觉得一个人可以做什么，年龄不重要。后来，这位老人果真攀登了很多山脉，其中不乏许多世界上著名的山脉，包括日本的富士山，她当时是以95岁的高龄攀登而上的，还打破了攀登富士山年龄最高的记录。这位老人就是著名的胡达·克鲁斯老太太。

70岁开始学习登山，95岁登上富士山，这在常人眼里简直是奇迹。胡达·克鲁斯老太太用她的亲身经历告诉我们，一个人想做一件事情，年龄并不是阻碍她成功的根本因素，决定她是否能够成功的是她自己的心态。怀着积极的心态思考问题，不惧困难，迎接挑战，始终坚信自己，那么这个人已经在通往成功的路上。

有艺术家曾经说过："你不能延长生命的长度，但你可以扩展它的宽度；你不能改变天气，但你可以左右自己的心情；你不可以控制环境，但你可以调整自己的心态。"

态度是一个人命运的遥控器，它决定了你的人生。一个人心态不同，人生走向就不同，作为也就大不一样。每个人都要时常拓宽我们心灵的空间，用积极、宽容、自信的心态面对一切！

一天，一个男孩对他的爸爸抱怨生活的艰辛，他说："爸爸，我前进的路上总是充满一个又一个困难，我多想继续走下去，可是我厌倦了一次又一次的抗争，我很痛苦，不得不放弃！可是前面的路还是荆棘密布，我感觉自己像迷了路的小孩，真的不知道该怎么走下去。"

做厨师的父亲听了，慈爱地拍拍儿子的肩，没有说什么，拉起儿子径直走向厨房。

父亲烧了三锅同样多的水，在水开之后，他在三个锅里分别放入了一根萝卜、一个鸡蛋、几勺咖啡豆，继续以同样的火力煮锅里的东西。

锅里的水沸腾着，煮着那根萝卜、那个鸡蛋和那些咖啡。十几分钟以后，父亲捞起萝卜和鸡蛋，各自放进碗中，将咖啡滤过倒进杯

子。之后，父亲回过头，看看儿子，对他说："你看到什么了？"

儿子说："不就是萝卜、鸡蛋和咖啡吗？"

父亲拉过儿子，对他说："你去摸摸沸水煮过的萝卜，看看和之前有什么不一样？"

儿子拿起一把叉子后，碰了碰萝卜，说："萝卜已经又软又烂了！"

父亲又说："你敲敲蛋壳，感受一下，和之前有什么不一样？"

儿子又拿起鸡蛋，把其在桌子上敲破，说："蛋壳比以前硬了，而且蛋白也凝固了。"

父亲点点头，又说："那你再去尝尝那咖啡！"

儿子拿起杯子，品尝着咖啡，味道香浓，口感非常好。

父亲意味深长地对儿子说："你看，萝卜、鸡蛋和咖啡在相同的环境——同样的锅中，同样滚烫的水中，火力、时间也相同，可它们的反应却各不相同。原本又粗又硬的萝卜经沸水煮后变得又软又烂；而这个鸡蛋原本脆弱，只是一层薄硬的外壳保护着它液体似的蛋黄和蛋清，但是经过开水的煮沸，蛋壳内却变硬了，连蛋白也凝固了；而咖啡豆呢，原本也是很硬的，但是经过煮沸，它竟然改变了水，将自己的香气和味道溶进水里变成了可口的咖啡。

父亲看看儿子，继续说道："那么你呢，宝贝，你是什么？在生活的逆境和煎熬中，你有着怎样的反应呢？你是那只外表看似坚强，逆境来临时却变得软弱无力的萝卜？还是那只有着柔顺易变的心的鸡蛋？原本有着弹性的灵魂，但是在经历死亡、分离、困境之后，却变

得僵硬顽固？抑或是那咖啡豆，改变了带给你痛苦的沸水？当水的温度升高到一百度时，水变成了美味的咖啡。当水沸腾到最高点时，它就愈加美味。"

儿子恍然大悟："爸爸，我要做那咖啡！"

问问我们自己，在生活如沸水的时候，你是哪一个呢？

每个人都拥有转变逆境的能力，每个人都能够排除困境，让自己更加成熟、美好，让事情向良好的方向发展！那就看你以怎样的心态来面对它！

当逆境来临时，我们不该像那萝卜般变得软弱无能、不堪一击；也不该像那鸡蛋，用坚硬的外壳将自己牢牢包裹，从而固步自封、消极面对人生；我们要做那咖啡豆，在逆境来临时，不仅没有被其左右，自己反而变得更加美好，身受损而不堕其志，无论环境多么恶劣，都向四周散发出香气，用美好的感情感染周围所有的人，将所有外在的一切转变成充实丰富自己的资本，变成督促自己前进的力量，做生活的强者，让自己和自己周围的一切都变得更加美好、更加富有意义！

人生就像骑马，要么你去驾驭马儿，要么是马儿驾驭你。你的心态决定谁是坐骑，谁是骑师。美国哲学家威廉·詹姆斯说过："我们这一代最伟大的发现是，人类可以经由改变心态而改变自己的生命。"英国作家萨克雷说："生活就是一面镜子，你笑，它也笑；你哭，它也哭。"心态决定命运。当你以一颗积极向上、宽容向善的心面对生活，生活也将以一切美好来对待你！

坚持也是一种幸福

世界上没有完全相同的两片叶子。上帝把世间万物创造得各不相同，就是要让他们活出自己的特色，拥有与众不同的人生。每个人都有每个人不同的长相、性格、脾气、爱好，但是有的人却总觉得别人的就是好的，别人拥有的自己也想拥有，这才是幸福。其实不然，别人的东西再好也都是别人的，即使你拥有了一模一样的，你也未必会感到幸福。你只不过是羡慕别人拥有幸福的感觉。

不久前，我曾看过一篇题为《长得漂亮不如活得漂亮》的文章，文章这样写道：

活得漂亮，就是活出一种精神、一种品位、一份至真至性的精彩。一个人只要不自弃，就没有谁可以阻碍前行的希望、永恒的追求，以及一颗永不磨灭的热爱生活的心。

上中专时，我们班主任老师长得很丑，一半脸儿白，一半脸儿黑。可是，就是这样一位其貌不扬的教书先生，却有一位很漂亮的太太，这让我们大跌眼镜。年终岁末，班里组织一年一度的联欢晚会，在联欢会上，我们就问起老师的恋爱经历，希望他能毫无保留地向我们"坦白"。

班主任一听笑了，说："我一生下来脸部就有很明显的胎记，而且随着年龄的增长，胎记也随之长大，为此，我很伤心，一直对自己

缺乏信心，对生活也没有多少热情，唯一能让我欣慰的就是自己的学习成绩还算过得去。就这样，一直到考上大学，大学的生活虽然丰富多彩，但我还是提不起精神。有一天，我的哲学老师找我谈话："你是怎么回事，哪里还像一个年轻人的样？'哲学老师说，一个人生得不漂亮可以怨天怨地怨造化弄人，但一个人活得不漂亮，却不可以怨任何人。"

仔细想想，的确如此。从此，他扭转了心态，像换了个人，一扫以往的自卑与忧郁，不但心里充满了阳光，眼角眉梢都洋溢着笑容。除了刻苦学习外，学校所有的活动都积极参与。几年下来，他不但以优异的成绩令同学们刮目相看，更以自己雄辩的口才、独特的个性、满脸的阳光赢得了"最有魅力的大学生"的称号。而很自然的，他也赢得了一位美丽女生的芳心。班主任说："妻子是我一生的最爱！"这句话获得满堂喝彩。最后，班主任深情地说："一直以来，我都很感激我的哲学老师。因为是他告诉我，一个人可以生得不漂亮，但是一定要活得漂亮。无论什么时候，渊博的知识、良好的修养、文明的举止、优雅的谈吐、博大的胸怀，以及一颗充满爱的心灵，一定可以让一个人活得足够漂亮，哪怕你本身长得并不漂亮。"

活得漂亮，就是活出一种精神、一种品位、一份至真至性的精彩。一个人只要不自弃，就没有谁可以阻碍前行的希望、永恒的追求，以及一颗永不磨灭的热爱生活的心。

我们要始终相信，美是一个自我的循环。美到最后不管你是富贵，或是贫穷，有自我，才有美可言，如果这个自我是为别人而活

着，那只会空留一个华丽的外表。

苏东坡一生跌宕起伏，灾难总是不期而至，让这个曾经无比得意的才子深刻地体会到了生命的苦味。

他原来是一个翰林大学士，但因为怕受到牵连，朋友都避得远远的。当时他的朋友马梦得，不怕政治上受连累，帮苏轼夫妇申请了一块荒芜的旧营地使用，所以苏轼就改名叫苏东坡。

苏东坡开始在那里种田、写诗。他有米可吃了，还跟他夫人说，让我酿点酒喝好不好？他还是要喝酒！"夜饮东坡醒复醉"是说，晚上就在这个坡地喝酒，醒了又醉、醒了又醉；"归来仿佛三更"则是，回来已经很晚。"家童鼻息已雷鸣"是说，当地还有一个小孩帮他管管家务，但是他睡着了，鼻子打呼噜。"敲门都不应"是指，苏东坡敲门都不应。我们看到他之前的诗，敲门都不应，就要发脾气了，可是现在就算了，他就走去听江水的声音，"倚仗听江声"。

苏轼变成了苏东坡后，他觉得丑都可以是美。他开始欣赏不同的东西，他那时候跑到黄州的夜市喝点酒，碰到一身刺青的壮汉，那个人就把他打在地上说："什么东西，你敢碰我！你不知道我在这里混得怎样？"他不知道这个人是苏东坡，然后倒在地上的苏东坡忽然就笑起来，回家写了封信给马梦得说："自喜渐不为人知。"他是才子，全天下都要认识他，然后他常常不给人好脸色，可是落难之后，他的生命开始有另外一种包容，有另外一种力量。

酸甜苦辣咸，百味杂陈，最后出来的一个味觉是"淡"，所有的味觉都过了，你才知道淡的精彩，你才知道一碗白稀饭、一块豆腐好

像没有味道，可是这个味觉是生命中最深的味觉。

历史上那些争名争利，最后变成一场虚空。有什么呢？"多情应笑我，早生华发"，苏东坡终是回到了自我。

人一生在经历了酸、甜、苦、辣、咸以后，才知道淡的可贵，也正是"回首向来萧瑟处，也无风雨也无晴"。

有个人一直想追求充实、满足、快乐和幸福的生活，为此，他总是紧随潮流，他看到别人用新款手机，他立刻就买；当别人有轿车的时候，他也不甘落后，马上开上了属于自己的小轿车。即使这样，他仍然快乐不起来，也感觉不到丝毫的幸福和满足。郁郁寡欢的他为了摆脱这种情绪，决定出门旅行。

有一天，他来到了一个很偏僻的少数民族村落，这里相对封闭，没有多少现代化的东西。可是，他发现村民们却活得非常快乐。一到晚上，人们吃过晚饭，就在一片空地上点起篝火，乐师们弹起他们心爱的乐器，男女老少一起载歌载舞，直到尽兴才归。从他们的神态中看不到一丝一毫的忧愁，你所能感受到的除了快乐，还是快乐。到底是什么让他们如此快乐？他百思不得其解。

一天晚上，在村民们跳舞的间隙，他与一位年长的乐师攀谈，他问乐师："为什么你们总是那么快乐？"老乐师听了他的话并没有马上回答，而是弹起了一首古老的曲子。老乐师对他说："年轻人，你跳起来吧，但是，你一定要记住，无论我弹什么曲子，你都不要受我的影响，而是要学会按照你自己心中的那支曲子跳舞。我相信，你会找到答案的。"

就这样，他真的跳了起来。虽然，他跳得很累，但是不知怎么回事，一场舞跳下来，他却很轻松、很惬意，那是一种他从来也没有感受过的快乐。而就在他静下来的那一刹那，他心中突然一亮，老乐师真是高人，原来他是在告诉自己：一个人如果要想真正获得快乐，那就必须按自己的曲子跳舞。

一个人要想获得成功，就必须按自己的曲子舞蹈。走别人走过的路，你会感到路途平坦，却不容易成功，因为你走过的都是别人已经走过的。走出一条属于自己的路，你才能感受到幸福的滋味。按自己的曲子跳舞，需要有勇气，而且要心境澄明才能做到。学会放下心中的欲望，走出一条有自己特色的路，才能品尝到别人没有的，独属于你自己的幸福。拥有丰富绚丽、富有创意的人生是有意义的，因为可以按自己的想法设计人生，这样的人生才风雨无悔！

按自己的曲子跳舞，就要做自己喜欢的事情，不要在乎别人怎么看、怎么说。要明白别人拥有的，并不一定就是你需要的，只要是自己认定的，就为此坚持下去，那么一定会有收获。简而言之，一切随心，莫理世俗。走一条属于自己的路，也许这条路会很孤独，但是，你会体会到别人无法领略到的愉悦滋味。按自己的曲子跳舞，依据自己的兴趣做自己喜欢的事。按自己的曲子跳舞，一切随心随缘，不理世俗。别人拥有的，并不一定是自己需要的，而自己所要的，哪怕是别人无法理解，只要自己坚持，就能获得想要的幸福。

无条件接受自己

知道吗？这世界上有这样一个人，离你最近也最远；他与你最亲也最疏；你常常想起，也最容易忘记他。这个人是谁？他就是你自己。

庙里新来了一个小和尚。有一天，他突然跑到方丈面前，殷勤诚恳地说："我初来乍到，先干些什么呢？请指教。"

方丈笑了笑，摸着小和尚的头说："你先去认识一下寺里的众僧吧。"

第二天，小和尚又兴冲冲地跑来找方丈，说："寺里的众僧我都认识了，下边该干什么呢？"方丈这次微微一笑，睿智地说："你一定还有遗漏，再接着去了解、去认识吧。"

三天过去了，小和尚再次来见方丈说："寺里的所有僧侣我都认识了，你这次可以给我派活了吧？"

方丈说："还有一人，你一定还没认识，而且，他对你特别重要。"

小和尚疑惑地走出方丈的禅房，一个人一个人地询问着、一间屋一间屋地寻找着。在阳光里、在月光下，他一遍遍地琢磨、一遍遍地寻思着……

不知过了多少天，一头雾水的小和尚，在一口水井里忽然看到自

己的身影，他豁然开朗。

原来，方丈让小和尚去找的就是他自己，但是很少有人能像那个天真的小和尚一样看见自己的倒影，就能悟出"自我"的可贵。于是，不懂得爱自己的人就开始了自哀自怨，责怪这个世界的不公平，甚至心灰意冷，觉得自己被幸福抛弃了。去爱自己，这是人类对生命本身的崇尚和珍重。这让我们的生命更加健康；可以让我们的灵魂更为自由和强壮；可以让我们在无房无居的时候，亲自去砌砖叠瓦，建造出属于我们自己的宫殿，成为自己精神家园的主人。

有一家寺院，每天清晨，寺院里的晨钟还没有敲响，和尚们就被老方丈的呼喊声叫醒了。

这位老方丈每天晨钟未响，就早早地起床，到离寺院不远处的一个山坡上大声呼喊。然而，他呼喊的不是别的，正是他自己的名字。

老方丈每天如此，这样的日子一晃过去了很多年。

后来，寺院里新来了一个小和尚，在接连几天听到老方丈的呼喊后，便忍不住好奇，跑去问老方丈缘由，说道："您每天一大早都在呼喊自己的名字吗？为什么这么做呢？"

"没错，我每天都在呼喊自己的名字，这样的习惯已经保持了很多年。"老方丈笑笑继续说道，"我在清醒的时候可以管住自己，但晚上做梦的时候，就常常去云游四海，有时候还差一点回到了出家前的生活中去，根本无法约束自己。醒来以后，当然要呼唤自己了，早早把自己喊回来。不然，就有可能把自己走丢了，再也找不到自己了……"

对老方丈这样的远离尘世之人，都担心自己走失，还仅仅是在梦里，现实中的我们呢，在真实的生活中是不是也常常走失，而找不到自我了呢？

就算在你一无所有的时候，你依然需要珍爱自己。英国文学家约瑟夫·艾迪逊说过："真正的幸福是从欣赏自己开始，然后才来自于友谊。"所以要明白，爱自己是基础，爱自己是万爱之源，这是世界上最伟大的一种爱。只有做到爱自己，和其他人的关系才能真正算是一种爱的关系，而不是建立在需要、依靠、恐惧或不安全的感觉上。

坐飞机的时候，乘务人员在讲解应急措施的时候会告诉我们："请先把你自己的氧气罩戴好，再给小孩子戴。"这乍一听起来，觉得做法很自私，但仔细思虑之后，就发现有现实的原因在里边。如果你自己都不能自保，又怎么能去帮助孩子呢？首先，需要照顾好自己，才能分出精力和心血去照顾其他人。

爱就像一个氧气罩。如果不能先爱自己，就不能完全地去爱别人，当然，也没有力量去爱别人。如果你真的爱自己，就应该把自己先放在第一位，然后，才有能力去爱别人。

总之，爱自己，不是自私。只是因为，只有先有能力爱自己，才有能力去爱他人；只有先让自己获得幸福，才有资格和条件去给别人幸福。

适合自己的，才是最幸福的

许多人都有这样的心理，不管是什么都觉得别人的是最好的。看见别人穿这样那样的漂亮衣服，自己也会去买，可买了之后却发现，自己穿上还是没有别人好看，其实并不是衣服的问题，只是适合不适合自己的问题。适合自己的，再便宜的衣服穿在身上也是漂亮的；不适合自己的即使是国际名牌，也不会漂亮。倘若人真明白只有适合自己的才是最幸福的，那么，人生可能要减少许多不必要的事情发生。有些东西虽好，却不一定是最适合你的！相反，如果有些东西虽然在别人看来不值一文，只要是适合你的，那对你来说就是最重要的。

很久以前，有一座圣安禅寺，每天都有许多人上香礼佛，香火很旺。在圣安禅寺前的横梁上有个蜘蛛结了张网，由于每天都受到香火和虔诚祭拜的熏陶，蜘蛛便有了佛性。经过了一千多年的修炼，蜘蛛的佛性增加了不少。

忽然有一天，一位智者光临了圣安禅寺，看见这里香火很旺，十分高兴。离开寺庙的时候，不经意间抬头看见了横梁上的蜘蛛，智者停下来，问这只蜘蛛："你我相见总算是有缘，我来问你，看你修炼了一千多年，有什么真知灼见？"蜘蛛遇见智者很是高兴，连忙答应了。智者问道："世间什么才是最珍贵的？"蜘蛛想了想，回答道："世间最珍贵的是得不到和已失去。"智者点了点头，离开了。

又过了一千年，有一天，刮起了大风，风将一滴甘露吹到了蜘蛛的网上。蜘蛛望着甘露，见它晶莹透亮，很漂亮，顿生喜爱之意。蜘蛛每天看着甘露很开心，它觉得这是两千年来最开心的几天。突然，又刮起了一阵大风，将甘露吹走了。蜘蛛一下子觉得失去了什么，感到很寂寞和难过。这时智者又来了，问蜘蛛："这一千年来，你可好好想过这个问题：世间什么才是最珍贵的？"蜘蛛想到了甘露，对智者说："世间最珍贵的是得不到和已失去。"智者说："好，既然你有这样的认识，我让你到人间走一遭吧。"

就这样，蜘蛛投胎到了一个官宦家庭，成了一个富家小姐，父母为她取了个名字叫蛛儿。一晃，蛛儿到了16岁了，已经成了婀娜多姿的少女，长得十分漂亮，楚楚动人。

这一日，皇帝决定在后花园为新科状元郎甘露举行庆功宴席。来了许多妙龄少女，包括蛛儿，还有皇帝的小公主长风。状元郎在席间表演诗词歌赋，大献才艺，在场的少女无一不被他折服。

有一天，蛛儿陪同母亲上香拜佛的时候，正好甘露也陪同母亲而来。上完香拜过佛，二位长者在一边说上了话。蛛儿和甘露便来到走廊上聊天，蛛儿很开心，终于可以和自己喜欢的人在一起了，但是甘露并没有表现出对她的喜爱。蛛儿对甘露说："你难道不曾记得16年前，圣安禅寺的蜘蛛网上的事情了吗？"甘露很诧异，说："蛛儿姑娘，你漂亮，也很讨人喜欢，但你想象力未免太丰富了吧。"说罢，和母亲离开了。

蛛儿回到家，心想，冥冥中既然安排了这场姻缘，为何不让他记

得那件事，甘露为何对我没有一点儿感觉？

几天后，皇帝下诏，命新科状元甘露和长风公主完婚，蛛儿和太子芝草完婚。这一消息对于蛛儿如同晴空霹雳，她怎么也想不通，老天竟然这样对她。几日来，她不吃不喝，灵魂就将出壳，生命危在旦夕。太子芝草知道了，急忙赶来，扑倒在床边，对奄奄一息的蛛儿说道："那日，在后花园众姑娘中，我对你一见钟情，我苦求父皇，他才答应。如果你死了，那么我也就不活了。"说着，就拿起了宝剑，准备自刎。

就在这时，智者来了，他对蛛儿的灵魂说："蜘蛛，你可曾想过，甘露是由谁带到你这里来的呢？是风带来的，最后也是风将他带走的。甘露是属于长风公主的，他对你不过是生命中的一段插曲。而太子芝草是当年圣安禅寺门前的一棵小草，他看了你三千年，爱慕了你三千年，但你却从没有低下头看过他。蜘蛛，我再来问你，世间什么才是最珍贵的？"

蜘蛛听了这些真相后，仿佛一下子大彻大悟了，她说："世间最珍贵的不是得不到和已失去，而是现在能把握住幸福。"刚说完，智者就离开了，睁开眼睛，看到正要自刎的太子芝草，她马上打落宝剑，和太子深深拥抱着……

有的人总是觉得那些得不到的永远是最好的，其实，最适合你的往往就在你身边静静地守着，拥有的时候不知道珍惜，当一切将要失去的时候，又后悔莫及。世间最珍贵的不是"得不到"和"已失去"，而是眼下的幸福。

不管是什么东西，适合自己的永远是最重要的，不适合自己的，抓得再紧，依旧会失去。每个人需要的幸福是不同的，有人需要平平淡淡的幸福，有些需要浓烈的幸福。其实，幸福的实质都是一样的，选择适合自己的，才是最重要的。

第四章　幸福在于态度

勇敢地活出自我

记得中学时代学过陶渊明的一首诗，其中有几句特别喜欢："结庐在人境，而无车马喧。问君何能使，心远地自偏。采菊东篱下，悠然见南山。"寥寥几句写出了诗人退出官场后怡然陶醉的心情。陶渊明就是这样一个洒脱之人，即使生活在黑暗的官场且怀才不遇，却依然能保持内心的宁静，置身于自己创造的"桃花源"中，坦然地活出自我。

问世间能如陶渊明的人又有几个？所以他是一位有着十分的勇气，有着非凡气质的翩翩君子。作为一个诗人，他是优秀的，因为他具备诗人的气质与才情；作为一个政治家，他忧国忧民，他的理想抱负却因社会原因无法实现。他不会自怨自艾，而是放开所有，选择在田地里锄锄草，松松土，种种花，再以这些为题写点儿自己喜欢的文章，过着与从前完全不同的生活，每一天都有新鲜感，摆脱尘世纷扰，这才是真正的生活。而这样的生活不就是现代人最向往的吗？他在郁郁不得志时，不会因为社会的黑暗而放弃选择自我的机会，他更情愿遵从自己的内心，即使天下人都笑我，却依然要活出自我来。

"出淤泥而不染，濯清涟而不妖"，这种境界估计只有少数的圣贤才能达到。因为人是生活在社会中的，无时无刻不在受环境的影响，所谓"近朱者赤，近墨者黑"就是这个道理。但是，如何在纷繁

复杂的社会中保持自我，不随波逐流，是很难办到的。毕竟现在的社会信息传播速度如此之快，我们不可能像古人一样，对社会不满就可以隐居山林，现代人是很难和社会脱离关系的。为了避免在这个大环境中迷失自己，我们就要每天都坦然地活出自己。不要太过于在乎别人对自己的看法，在面对流言蜚语带来的困扰时，要时刻认清自己，才能避免在复杂的社会环境中迷失自我。

我们即使没有牛虻那么顽强，也要有崖中竹那样具有抗争精神，或许更要像蒲公英那样能够随遇而安。我们可以做一朵云，按自己的想法生活，随意变换样子，随意地改变自己所处的位置，能够坦然而自在地活出自我。最重要的是，我们能够遵循自己内心的想法，一切按照自己的原则，坚持自我，这样，我们的生活会惬意许多，你会发现烦闷的生活竟然也会别有一番洞天。

虽然我们不能像陶渊明一样洒脱，过着怡然自得的田园生活，但我们可以善于发现自己的快乐，知道自己该做什么、不该做什么，懂得享受生活，懂得勇敢地活出自我，在纷繁复杂的社会中为自己开创一片属于自己的天地。

幸福是自己的事

上帝给了每个人一颗幸福的种子，但是幸福与否，关键在于你是否具有一个良好的心境，并让这颗幸福的种子结出满树的果实。事实上，幸福是自己的事情，别人不可能将幸福加在你身上，你自己的幸福，别人也夺不走。幸福是自己的事情，不是别人的责任。

《北京人才市场报》曾报道过这样一件事：一位毕业生到一家公司去面试，三天后，他得到了通知，说他的应聘没有被录取。这位毕业生由于承受不住这种打击，在绝望中想起了自杀。但是，接着他又得到了通知，说是没有被录取是由于计算机故障出了错误，他已经在录取范围内了。正当他喜形于色的时候，他得到了该公司的电话通知，说他不能很好地面对挫折，必不能胜任今后的工作，如果他以后在工作中遭受打击就会自杀，公司就要承担重大的责任，所以公司决定不能录用像他这样的人。

像这位毕业生一样，成功机会就在自己手中，却因为承受不了挫折，而让机会从自己的指缝间溜走了。没有勇气接受挫折的挑战，会导致失去本已积累起的成功的筹码分量，而新的筹码我们又不能拿到，怎么能走向成功的顶峰呢？

没有一个公司愿意聘用意志力薄弱的人。如果遇到一点困难就失去恒心、失去理智，这样的人就是生活中的弱者。公司管理者聘用这

样的员工无疑是给公司增加麻烦。所以说，我们准备做一个什么样的人呢？就要认识到，坚持总是生命中最亮丽的色彩。生命因为坚持更耐人寻味；人生也因为坚持，才能挺过风险；企业，也因为坚持，才没有走向终结。

所以说，我们只有坚持，才会让生命更有意义；只有坚持，我们才能将自己置于一种充满信念的境地。一个从来没有体验过坚持的人永远也不会有丰富多彩的世界，只有百折不挠、坚持到底的心灵，才能有面对内心、审视内心、观照自我的觉悟，才能经受精神的炼狱，达到更高的人生境界。

一个人在尘世中能够坚守本性，做自己喜欢做的事，不为别人的眼光而改变自己的路，不与世俗同流合污，这是非常可贵的。

有这样一个故事：

一辆公交车上，坐着母子两个人，儿子看上去十六七岁，一路上欢欣鼓舞地和母亲讲着什么。看那母亲慈眉善目，始终微微笑着，倾听着儿子的话。

忽然，天阴沉下来，接着便是狂风暴雨。真是三月的天，小孩子的脸，说变就变！那儿子看了看车窗外，却更是兴奋了，他欢乐得手足舞蹈，不时望向外面，不时和妈妈讲着什么。

车到了一站，有一个女人浑身淋湿地上来，头发被吹得凌乱，她刚好坐在这对母子座位的过道对面。看到那儿子的满脸欢笑，愤怒立刻激上了她的心头，对那母亲说："您儿子多大了，没见过下雨，还是没见过被雨淋过的人，他莫非不是有病吧，看来病的不轻呢？您真

应该带他去医院看看！"那女人不无嘲讽地说道。

那母亲并未生气，很平静地说："是的，女士，我儿子不久前做了眼部手术，我们刚从医院出来，医生才为他拆去眼睛上的纱布，这是他十七年以来第一次看到雨中世界！"

那女人听了，表情黯淡下去，再无言语可说。

每个人看待事物，都多多少少加入了自己的感情色彩，而不可能完全站在绝对公平公正的立场上，我们的经历、好恶、评判标准都左右并影响着我们的判断，这带来的结果便是所见并非事实。

在我们的生活中，不也有很多类似故事中的"女人"吗，在没有了解事情真相的时候，就妄自菲薄，不负责任地去评判他人，还可笑地认为自己所看到的就是真相，不仅伤害了别人，也蒙蔽了自己！

幸福是自己的事情。就拿两个人的感情来说，许多人都是因为顾及外界的看法或是太介意别人说什么而放弃了一段段本属于自己的幸福感情，等真正醒悟过来的时候，就已经追悔莫及了。别人怎么看怎么说是他们的事，在一起却是两个人的事，幸福是自己争取的，而不是别人决定的。

追求幸福、发现幸福的过程也是一个人认识自己的过程。幸福是靠自己去争取的、创造的，在这个过程中，你也会明白自己想要的到底是什么。

老张在退休的时候，作出了一个惊人的决定，他要把城里的房子租出去，和老伴到农村买房，充分享受大自然的乐趣。刚开始，周围的朋友都不大理解老张的这个决定，甚至还有同事劝他，农村条件

艰苦，在那里买房挺划不来的。而老张则说："我从小在农村长大，非常留恋农村，我会在那里愉快地安度晚年的。"说这话时，老张的立场很坚定，从他的眼神之中可以看出他对自己想要的幸福生活的向往。

尽管亲戚朋友都在反对，老张还是义无反顾地搬到乡下去了。此后，当朋友们来到老张家里才发现，老张所住的地方是一个环境优美的小山村，村边有小河，南边有山，溪水潺潺，绿树成荫。老张和老伴的住所则是两间大瓦房，土炕，大庭院，庭院之中种有枇杷树，树上硕果累累。看到眼前的景象，老友们都不禁啧啧称赞。

此后一年，老张打电话给他的那些老朋友，约他们到自己的家里坐坐。于是，老朋友们又跨进了老张的家门，当时的感觉就好像《红楼梦》里的一群人刚踏进大观园一样：这哪是当初的老张家呀！庭院到处种着蔬菜瓜果，房前屋后，到处是自耕田，田里种着花生、白菜、芋头……

午饭时，老友们品尝到了南瓜汤、地瓜饭，饭桌上老张喝了一点儿小酒，便情不自禁地唱起歌来，声音洪亮，无拘无束。老张还对朋友们说，他最近喜欢上了写作，面对如此清静幽雅的生活，有了很多灵感。

见到老张现在的幸福生活，众人终于明白了，幸福其实跟别人、跟某些物质条件并没有必然的联系，关键在于自己的感觉如何。

幸福是自己的事，不管别人说了什么，只要自己觉得这样做是幸福的、是值得的，那就应该去坚持。正如美国前总统林肯所说："对

第四章 幸福在于态度

于大多数人来说，他们认定自己有多幸福，就有多幸福。"

　　在物欲横流的当今社会，很多人想方设法地想过上富足的、令人羡慕的生活，为了达到这样的目标天天钩心斗角、如履薄冰，其实这些都只是一时虚荣心所致。当时间久了，他们才会发觉，眼前的生活根本就不是自己一心想要的。想要过上幸福的生活，就必须了解自己到底想要什么。

　　面对自己所遭遇的痛苦，贝多芬说："不，我很幸福！因为我仅仅失去了六分之一！除了耳，我还有眼、鼻、嘴、手、脚。"幸福是自己的事情，不管别人以为你是幸福的还是不幸的，只要你自己觉得自己幸福，那么你就是真的幸福。

　　幸福的多少完全取决于一个人能体验多少，幸福其实是一种思维方式。当你真的认识到幸福是自己的事时，幸福就变得简单了，只需要遵循自己的内心就可以。既然幸福是自己的事，那么，要选择痛苦，还是选择幸福，就是一个简单的决定。

幸福，你可以选择

走自己的路

但丁说："走自己的路，让别人说去吧！"这句话成了许多人的座右铭，它鼓励着人们要坚持做自己，不要害怕别人嘲笑或是流言的攻击，勇敢做自己。

在比利时首都布鲁塞尔的街道上，很多人都会碰到一个穿着企鹅装蹒跚而行的老头儿，仿佛要去参加一个化装舞会。然而，他并不是去参加舞会，他只是太热爱企鹅，希望自己能像企鹅那样生活。

这位79岁的老人名为阿尔弗雷德·大卫，绰号"企鹅先生"。他一生对企鹅热爱得无以复加，他甚至想让自己变成企鹅。大卫还宣称，他死后要穿着他的企鹅装安葬在南极。他说自己"一辈子的梦想就是葬在企鹅生活的海洋中"。

大卫是从1968年爱上企鹅的。那年他被汽车撞到了臀部，导致走路摇摇摆摆，因此很多人嘲笑他走路像企鹅，还有人戏称他为"企鹅先生"。没想到大卫不但没有因此而沮丧，反而真的爱上了企鹅。他搜集所有与企鹅相关的物品，甚至开了一个"企鹅博物馆"，展出了他3500件企鹅藏品。大卫甚至也想把自己的名字正式改为"企鹅"，但遭到妻子强烈反对后才作罢。

我们又有几个人能像"企鹅先生"那样坚持自己，勇于面对各种嘲笑和讽刺，做自己舞台上的"企鹅"呢？

无论前方是光明，还是黑暗，我们都要无所畏惧地勇敢做自己。无论前方是康庄大道，还是羊肠小道，只要是走一条属于自己的路，那就是勇敢做自己。

　　生活中，我们常常带着一副面具，别人看不清我们，时间久了，我们竟把面具当成自己的脸了，连自己都忘记了自己的真正模样。问一问自己：你是谁？你有多久没有做自己了？在我们短暂的一生中，唯有找到真正的自己，才能全然地活在真实的生命里，这是获得自由，释放自我，走向幸福和安康的唯一方式。找到真正的自己，坚持自我的信念，不被他人的标准和评判所影响，你将会发现生命的无穷能量和乐趣。

　　一位读者写道："你会经常提到勇气，但不是很频繁。我们需要勇气，天知道。但是，你曾经想到过人们在日常生活中表现出来的惊人勇气吗？"

　　他继续写道："我每天都会为人们的坚韧而感到惊讶。虽然他们可能没有自己的宗教信仰，但是，他们在面对厄运和打击的时候表现出了很大的勇气。"

　　"很多人肩负重担，却非常开朗，从不抱怨。他们努力战胜困难，以一种令人难以置信的毅力，忍受负担和痛苦。"

　　"不管是失望、失败，还是冷遇，他们都欣然接受，不会退缩，也不会哭泣。摔倒了，再爬起来，微笑着面对明天。"

　　"我知道，我们必须以勇气来面对生活。这种勇气完全不是一种做作，这是一种伟大的行为。"

是的，这是我对人类整体的良好评价。懦夫和满腹牢骚的人毕竟是少数。大部分人都会充满勇气地面对生活。

我们偶尔也会发现，这些人在毫无准备的情况下，也会热泪盈眶。一句温暖的话语，一个善意的问题，都会令他们感动不已。但是，他们情绪会很快地恢复。

他们会略显拘谨而又歉意地笑一笑，并且会说自己做得还不够，如此而已。他们还会说，情况没有想象的那么差，有很多人的情况比自己的情况还要差，等等。

当然，他们中的一些人由于麻木和缺少想象，忍受住了痛苦的折磨。或者是他们在困难面前麻木地屈服了——当然，这种麻木也可能是一种保护与掩饰。

当人们看到这些苦苦挣扎、忍受痛苦的人时，会感到非常惊讶。这种坚忍、勇气以及永不言败的精神是这个脆弱的人类社会的最佳品质。

这正如张其金所说："一个人要成就一种高尚的境界，就必须时刻将自己沉浸在一种执着的境地当中，在坚持中省察自己，感受坚持所具有的那不可捉摸的力量，甚至为周遭的环境和自我创造一个良好的秩序，以内心对坚持的感知的力量去解悟生命里的诸多奥秘。"

坚韧不拔是一种强大有力的品格，它几乎能克服任何不利。它永远使你能居于比你更聪明或更有才华的人之上的优越地位。因为无论智力，还是技巧，都包含在其中了。成功通常不是一蹴而就的，而是多次努力的结果。

成功的人和不成功的人首要差别不在于天赋，而在于坚持力。如果我们的行动还没有达到自己预期的效果，永远都要这样问自己："到目前为止，我做对了什么？"这样我们才有勇气再试一次。

如果我们能以石头切割工人为榜样，坚持，坚持，再坚持，永不放弃地坚持下去，并能从每次的经验中汲取力量，最后的胜利必将属于我们。

另外，坚持的过程还是与毅志力较量的过程。只有毅志力强的人才能坚持到底。我们知道，坚强的毅志力成就了巴顿将军，他不仅仅获得了一个头衔，在美国的西点军校还竖起了他的一座雕像。他说："当我对战斗的决心和信心犹豫不决的时候，我会义无反顾地去选择战斗。"这正是他性格特征的写照。

我们知道，尤利西斯·格兰特将军一开始是一个默默无闻的年轻人，既没有钱，又没有号召力，既没有拥护者，又没有很多朋友。然而，比起拿破仑长达20年的战斗生涯，他在六年的战争中经历过更多的战役，赢得了许多的胜利，取得过更多的战功，获得过无数的荣誉。林肯总统评价他时，这样说："他之所以伟大，在于他超常的冷静和钢铁般的意志。"

一个人如果有着坚强的意志力，就可以在危险时刻保持镇定自若，就不会在任何困难面前退缩，勇往直前是我们走向成功的唯一选择。

当帕利什尔这位年轻的领袖用鞭子抽打一位军官时，这个军官愤怒地拔出一把手枪，然而手枪却没打响。帕利什尔冷静地说："我要

关你三天禁闭，因为你连自己的武器都没准备好。"

麦克阿瑟将军带领部队冲向圣胡安山顶时说："我必须像旋风一样奔跑，才能保持永远领先位置而不被别人超越。"

眼见不一定为实，我们不要以自己对事物的判断去解读真相，这样的解读往往是错误的。

一个男人出差在外，因为事情办得很顺利，本来半月的差旅，十天就提前结束了。在返回的当天，他想要给女朋友一个惊喜，因此并未电话告知。他带着给女朋友买的礼物，欢快地回到他们的小屋。可是走到家门口，他忽然看到窗户上映出两个人的影子，那两个影子距离时远时近，最后竟抱在了一起。男人看了非常生气，扔下礼物头也不回地走了！他决定再也不见这个女人！

之后，他换掉了自己的联系方式，去了另外一个城市。

许多年过后，若非那次影展，二人相遇，说起过往，或许他永远不会知道真相。原来，当日，和女朋友拥抱的竟然是他曾经买给她的超大的木偶熊。

曾经有句广告语说得很好："人生就像一场旅行，不必在乎目的地，在乎的只是沿途的风景，以及看风景的心情。"是的，人生就如一辆疾驰在生命旅途中的列车，路上你会遇见不同的人和风景，但是我们总会看到，只有那些坚持做自己的人，才能笑到最后，才能得到自己想要的幸福。即使是小丑又如何，小丑也能在舞台上实现自己的人生。所以，勇敢地坚持走自己的路，做自己舞台上的企鹅，也会得到最好的幸福。

在这个繁华的尘世中，想别人没想到的，走别人没走过的，做别人没做过的，要勇敢地做自己。

幸福，你可以选择

简单是幸福的最高境界

简单才是最高境界。如今，在经济与心理危机不断蔓延的环境中，简单更是一种适当而必需的生活状态。双重危机下的我们，也只有让心态阳光起来，让生活与心灵回归简朴、本质，才能活在当下、赢在当下。

这个世界很简单，复杂的只是人心而已。人心其实也不复杂，只要别构思过度就行。余秋雨说："我们的历史太长，权谋太深，兵法太多，黑箱太大，内幕太厚，口舌太贪，眼光太杂，预计太险。因此，对一切都'构思过度'。"受这种思维的影响，原本单纯的孩子们早早地背负了"世界比你想象的还要复杂"的重壳，还未出校门就对社会产生了巨大的畏惧感，害怕自己无法适应这个"复杂"的社会。

这种小心谨慎、战战兢兢的心理使我们有限的生命变得沉重，不仅增加了无谓的时间成本，也间接地加大了事业的信誉成本，使生命的质量大打折扣。

事实上，我们并不需要想那么多，想那么远，更没必要把自己变成一个不停运转的机器。我们只需要静下心来，让思维跟生活变得有条理、有顺序，简单与惬意的生活就会自主向我们走来。

不久前，有一位老领导，将他一生中所有的经验教训总结为简单

的四句话，告诉了他即将走入职场的儿子。

第一句话："不要盘算太多，要顺其自然。"做人不要盘算太多，只要自身努力够了，就不要拼命去求人，有时想得越多，心越急。就越得不到回报；等你不想的时候，它反而会自主来到你身边。有些潜规则与不能把握的东西，还是顺其自然。该是你的东西终归是你的，不要太强求。

第二句话："压抑自己没必要，奉承巴结也没必要"。农村与城市、下属与上级、穷人与富人不可能对等，压抑自己完全没有必要。相对于趾高气扬的人，你再怎么尊重他，他也不会平等对你。你再怎么奉承、巴结，他也永远不会因为同情而施舍你。不管出身低微，还是处境艰难，都不要寄希望于他人礼遇。当说时就说，当做时就做，只要别心虚和畏首畏尾，就不会让人轻易看不起，而你也将赢得更多平等的机会和尊重。

第三句话："不要对谁特别好，也不要对谁特别不好。"物以类聚，人以群分。任何单位，任何群体，人际关系结构都离不开"三三制"，具体到个人身上就是三分之一的人对你一般，三分之一的人对你不"感冒"，三分之一的人对你好。这与我们常说的"三分之一的人在干、三分之一的人在看、三分之一的人在捣蛋"同理。所以，必须因人而异，好的要保持，中立的要争取，敌意的要宽容。永远不要被少数人利用。

第四句话："相信自己比依赖别人重要。"一个人，必须要有思想，有社会责任感，相信自己比依赖别人重要。不同的人做事肯定不

幸福，你可以选择

一样，上司一般都会看出来的。只要尽心尽力做事，就不会被埋没。除非你对自己的能力有怀疑。关键是要摆正心态，有机会时就为社会多做点儿什么，没机会时要记住"为自己打工"，积累更多的有形无形资本。为自己做再多的事情也不过分，不论人生际遇如何，及时努力都不会错。

很多时候，很多东西，非要亲身经历了，才更贴近真实，才会发现，真的没必要太刻意地做一些，想一些事情。厚黑学之类的东西，并不是万金油，贴在哪里都管用。生搬硬套反倒容易给人邯郸学步的感觉，徒增了不少尴尬。

世界上的真理永远都是朴素的、自然的、简单的。仔细研究一下现代成功人士的道路，就会发现，它们的共同点就是：简单行事且极具思想。

其实，越好的团队越会憎恨消耗内部战斗力的尔虞我诈。阿里巴巴总裁马云就直接告诉新来的员工，要是谁想违背"简单"的公司文化，挑起办公室政治烟火，没别的话好说，立即走人！为了打击办公室政治，马云甚至在公司内部开展"延安整风运动"。

简单出精英，简单出实效。正如一则广告所说的：把简单的东西复杂化——太累，把复杂的东西简单化——贡献。世界比我们想象的要简单，不要总是人为地给它徒添累赘。

简单做人，就是对这个世界、对自己最大的贡献。

第五章
因为爱，所以幸福

幸福没有明天，也没有昨天。它不怀念过去，也不向往未来。它只有现在。

——[俄]屠格涅夫

爱是快乐的付出

世间众人，皆是在爱中启蒙。

"我给你们的新命令就是——彼此爱护。"邬斯宾斯基在《第三工具》中说："爱无处不在。"它为人们开启通往第四空间——"完美国度"的大门。

真爱无私无畏，它释放所有的情感，不要求任何回报，只要付出就会感到愉悦。爱是慈悲的显现，是宇宙最强大的力量。纯洁、无私的爱会相互吸引，无须寻觅求索。没有人不知道真爱的含义。在情感上，人类自私、专制，甚至恐惧，因此常常失去所爱。嫉妒是爱最大的敌人，因为它会让思维混乱，作出对爱人移情别恋的想象。如果不消除，这些恐慌可能会成为事实。

曾有一位伤心欲绝的女士来找我，说她心上人另觅新欢，而且根本没想过要和她结为夫妇。嫉妒和怨恨让她丧失理智，她狠狠诅咒这个伤害了她的人，然后说："我爱得这么深，为什么他离我而去？"

我回答说："你不爱他了，你恨他？"我继续说道，"不付出就没有回报。付出挚爱才会收获挚爱。通过付出不断修缮自己吧。给他一份诚挚无私的真爱，不要苛求回报，不要刻薄怨恨，不管他心归何属，都要诚挚祝福。"

她答道："不，除非知道他在何处，否则我不会祝福他。"

"你这不算真爱。"我说道,"当你付出真爱,真爱自然来,不管是他,还是别人。如果他不是你的神圣选择,你不会接受他。因为你与上帝同在,所以神圣意志自然会赐予你真爱。"

几个月过去了,情况并无好转,但她心态却在改变。我对她说:"当你不再为他的残酷困扰,他就不再残酷,因为一切都是你的主观臆造。"

然后,我讲了一对印度兄弟的故事。这是一对非常奇怪的兄弟,他们从来不用"早上好"问候别人,而用"我向你内心的神灵问好"。他们不仅问候人的内在神灵,甚至问候丛林里动物的内在神灵。所以,他们从未受过伤害,因为他们从生物内心看到了上帝的影子。我说:"问候那个男人的内心神灵吧,并要他说'我看到了神性的你。上帝正借用我的双眼看你,一个按神的形象和喜好完美地创造出的人。'"

不久,她发觉自己变得心平气和并逐渐不再怨恨。那男人是一名船长,她喜欢叫他"大盖帽"。一天,她不经意地说:"不管他在哪,请上帝保佑'大盖帽'。"

我说:"这才是真爱,当你变成'完整的圆',且不再被此事困扰,你就会得到他的爱或同等的爱。"

当时我正搬家没装电话,所以几周内我们都没联系。一天早晨,我收到她的一封信,说:"我们结婚了。"我马上给她打电话,上来就问:"怎么回事?"

"简直是个奇迹!"她叹道,"一天早晨醒来时,我发现痛苦已

幸福,你可以选择

完全消失了。傍晚我们再相遇时，他向我求婚。一周后我们结婚了，他是我见过的最虔诚的人。"

古语云："你没有敌人，也没有朋友，人人都是你的老师。"

因此，我们不应困扰于个人的感情，多体会周围人所教我们的幸福生活，潜心学习。不久，我们将学会这些，从而得以解脱，获得幸福与自由。

该女士的爱人教会了她这样一个道理，那就是每个人迟早要学会无私的爱。

成长不一定必须受苦，苦难只是违背神圣法则的结果。但是不受苦，人们又难以唤醒"沉睡的灵魂"。开心时，人们会变得自私，结果因果循环法则自动启动。人们往往因为缺乏感恩而遭受许多损失。

我认识一位女士，她有一位如意郎君，但她总是说："我不在乎婚姻，我不是说丈夫不好，而是我对婚姻不感兴趣。"她沉迷于其他兴趣，甚至忘记自己还有丈夫，只有在看到他的时候，才想起自己结婚了。一天，丈夫告诉她，他爱上了别人，然后离开了。

她带着满心的伤痛和怨恨找到了我。我说："都是你的话导致的。你说不在意婚姻，于是你的潜意识帮你从婚姻中解脱了。"

她说："我明白了。往往人们如愿以偿后，并不感到快乐，反而会深受其苦。"还好，她很快适应了新的生活，感觉分开对两个人都好。

当一个女人变得冷漠或苛刻，丧失生活新鲜感时，她就不会再吸引她的丈夫，反而让他常怀念那些曾经的美好，结果彼此都变得不安

与失望。

一位垂头丧气、灰头土脸的男士对我说，他妻子钟爱"数字科学"，并给他测幸运数字，结果差强人意。他说："我妻子说我这辈子没什么出息，因为我幸运数字是二。"

我回答道："我不在乎你的数字是几，你是上帝的完美创造，我们渴求的成功与荣耀，早就已经准备好了。"

几周后，他谋得了一个不错的职位。又过了一两年后，他成为一位成功的作家。不热爱自己的工作的人，很难事业有成。对于艺术家而言，只有疯狂地热爱艺术，他才会创作出伟大的作品。粗制滥造、随便应付的创作是无法吸引人的。

鄙视金钱自然不可能富裕。"钱对我毫无意义，我看不起有钱人。"很多人因为有这样的潜意识，所以注定他们一生贫穷潦倒。

这也是很多艺术家清贫的原因。他们对金钱的鄙视阻止了金钱到来。我曾听见一位艺术家评论另一个艺术家说："他算不上是一个艺术家，因为他有钱。"这种思想态度自然不会让他富足，想要得到某物必先与之和谐。金钱是上帝在现实生活中的身影，它能使人们拥有远离匮乏，获得超脱欲望和局限的自由，但我们必须让它流动并合理使用，过分储蓄和节约会招致报复。

但是，这并不意味着人应该大肆购买房子、货物、股票和债券，而是"心向上帝，仓廪坚实"。也就是说，当时机成熟并且需要花钱时，人们不应该像守财奴一样舍不得花钱，该出手时要出手。开心地、勇敢地消费，能为更多财富累积铺平道路，因为爱心是人类取之

不尽、用之不竭的财富源泉。

我们从电影《贪婪》中看到了有关存钱的例子。一位女士彩票中了5000美元但不去消费。她把钱存起来，继续让丈夫挨饿受冻，自己依靠擦地为生。她爱钱且把钱看得高于一切，结果一天晚上她被谋杀了，钱也被拿走了。

这是"痴迷金钱是万恶之源"的典型例证。金钱本身是好的，但用来破坏报复，存储节约，或认为它比爱情重要，就会带来疾病灾难并最终损失钱财。

追随爱的脚步，一切自然而来。因为爱是一切的源泉。追随自私贪欲，造成源泉干枯，人们远离源泉，从而远离我们期望的事物。

有一位有钱的太太，喜欢存钱。她从不慷慨解囊，但却喜欢为自己购物。她非常喜欢项链，朋友问她有多少条项链，她答道："67条。"但是她买了项链之后，就精心包在纸巾中存放起来。如果她带这些项链的还好，但她偏偏违反了"使用法则"。她的衣橱里都是不穿的衣服，珠宝也从未见天日。

后来，她的胳膊逐渐僵化，无力照料自己的财富，最后只能将它们移交他人保管。

所有忽视法则的人，最终都会自食其果。

所有的疾病、悲伤，都来自对爱之法则的违背。人的憎恨、幽怨和刻薄最终会带来疾病和悲伤。爱像陨落的艺术，但了解精神法则的人知道，它一定会回归，因为人一旦失去爱时，只能是一只会发声的行尸走肉而已。

有一个学生，每个月都来找我，希望我帮她清除意识里的怨恨。一段时间后，她的怨恨只剩最后一个女人，但这最后一个女人却让她头疼不已。一点点的，她终于变得心态平衡，内心逐渐风平浪静。然后，有一天，她所有的怨恨终于消失得无影无踪。

她容光焕发地来到我这里，并且大声说道："我感觉棒极了！和那个女士说话时，我没有再朝她发怒，而是非常和善友好，结果她向我道歉，也变得和我一样和蔼可亲。我感觉心里轻松极了！"

爱和善意都是事业上的无价之宝。

有一位女士向我抱怨她的老板，说她极其冷酷而又苛刻，而且还不想让自己在目前的职位上干下去。

"这样，"我说，"问候她的内心的神性，对她表达友爱。"

她说："不可能，她顽固得像一块大理石一样。"

我答道："你记得雕塑家和大理石的故事吗？有人问他：'为什么要那么一块大理石。'他说：'因为里面有一位天使。'最终他创作出了伟大的艺术作品。"

听完这个故事之后，她说："好吧，那我就试一下吧。"一周后，她回来对我说："我按你说的做了，现在她对我很好，还带我出去兜风了呢。"

有时人们会因为自己对某人的不友善而后悔，即使这种不友善是发生在几年前。

如果错误无法弥补，我们就可以借助善举来减轻损失。

"我做这件事，不仅是为了忘记过去，而且是为了面向未来。"

忧愁、后悔和自责会撕裂人体细胞，毒害人体环境。

一位伤心欲绝的女士对我说："请帮我开心快乐起来吧，我的忧伤让我神经分兮，对家人很粗暴，而他们也对我冷冰冰，有意躲避我。"

还有一位女儿刚刚夭折、处于极度悲痛中的女士，我对她治疗时，反复告诫她要否认损失和分离的存在，强调说爱是她快乐的源泉。她马上获得了慰藉，并且让她儿子传话说不用继续治疗了，因为她"现在很开心，不必再留恋女儿之死了。"

可见，"人的情绪"容易在悲伤和悔意上驻留。

我认识一位喜欢夸大自己麻烦的女士，这位女士有足够多的话题去夸大。

传统的观念认为，一个不担心孩子的母亲就不是一个好母亲。

现在我们知道了，其实母亲的恐慌往往会给孩子带来疾病和事故。因为恐慌能生动地刻画出这位母亲所担心的疾病和情境，如果不能及时修正，这种担忧和恐慌将会成为现实。

比如，一位女士半夜突然醒来，强烈感觉到弟弟身处险境，她没有深陷恐慌，而是说出事实真相："人类是爱的意志的完美体现，因此，我弟弟肯定处在安全的位置。"

第二天，她发现弟弟遭遇了矿洞爆炸，但是奇迹般地生还下来。

"完美的爱将会消除恐惧。恐惧之人爱得不够完美。爱就是对神圣法则的履行。

真爱撒满通往幸福花园的小径

爱是人世间不可或缺的一种美妙的情感。因为有爱的滋润，生命才更加色彩斑斓；因为有爱的催发，才使生命更加旺盛坚强。爱是世间至高无上的法则，因为爱支撑着生命的全部。

特赖因曾经说过："告诉我在你心中，有多少人值得你去爱，我便能猜测出你的生命中有多少贵人；告诉我你对他人的爱有多么强烈，我便能知道你距离成功还有多远。"心中有爱，会给你的幸福加分。每个人的心底都有一颗爱的种子在萌芽，只有充分认识了这个寄居在所有生命中的伟大的情感，你才能用这种人间最真挚、最善良的情感爱自己、爱别人，让冰冷的世界变得更加美好，充满爱的味道。内心充满爱的人喜欢用善良的心对待别人，每个生命只有这样，才能摒除一切令人厌恶的偏见，抛弃黑暗的悲观思想，与别人分享自己的快乐，并感受他人的幸福带给自己的愉悦。

你不能一个人过着孤独的生活还期待别人喜欢你，我们不能活在一个人的世界里，只爱自己的人是不会得到别人的爱的。所以，不要吝惜自己的爱心，要善于播撒自己的爱，让别人体会你的爱带来的幸福，你也便会从中得到满足，为自己的幸福加分。你先要学会爱别人，才会理解爱的法则，拥有可爱的性格。

不管生活给予我们怎样的苦难和挫折，我们都不要放弃爱自己

和爱别人的机会。爱自己才能使自己更加坚强、更加健康地面对生活为我们准备的种种幸福或苦难。唯有如此，才能发挥出生命的最大价值。无论世界上发生了什么，都要学会敞开心扉，真诚地去爱他人，安抚受伤的人，鼓励沮丧的人，安慰失意的人，帮助落魄的人。当你的仁爱之心像玫瑰一样散发出芬芳，当你用爱的温暖治愈了思想上的顽疾，当你用善良的微笑为心灵的创伤止痛，你便已经洞悉了世界上最伟大的秘密。

当你付出的爱能成为他人幸福的源泉，那么也是为自己的幸福加分。因为你的努力改变了他人的生活，而你从中也得到了欣喜与满足。这种世界上最伟大的情感总能给你的生活带来一些改变。

有个女人走出门，发现三位白胡子老人在院子里坐着，她不认识他们。女人说："我不认识你们，但是我想你们饿了，进屋吃点儿东西吧。"

但是老人说："我们是不能同时进入一个屋子的。"

女人疑惑地问："为什么？"

于是，一位老人开始向女人介绍道："他叫财富，他叫成功，我是爱。我们不能一起跟你进屋，所以请你回去和你的丈夫商量一下，想请谁到你们家。"

女人回去把刚才的一番话转告她的丈夫。

男人很兴奋："那我们把财富请进来吧！"

但是女人说："亲爱的，我们为什么不把成功请进来呢？"

在屋子的另一边，儿子听了他们的对话之后，提出自己的意见："把爱请进来，不是更好吗？"

第五章　因为爱，所以幸福

男人对女人说："听儿子的！快请爱进来吧。"

女人到门外询问三个老头："谁是爱？"

爱站起来走向屋子，其他两个老头儿跟在他后面也进了屋。

妇人吃惊地问财富和成功："我只是请爱进去，你们为什么一起进来呢？"

这两个老头儿一起回答："假如你请的是财富或者成功，其他两个都不会跟着去的。当你把爱请进屋，不管爱到了什么地方，我们都将跟随。"

在我们的生活中，有很多人热衷于财富的追求，也有很多人迷恋于功名的获取，似乎生命注定就是名与利的纠缠，但是在这个故事中你却很容易发现，名与利并不是一切，有时候，爱却意味着全部。很多人热衷于追逐自己的愉悦，为了达到自己的目标而忽视了周围的家人、朋友。他忽略了爱他的人所给予他的真爱，而自顾自地追求自我，爱自己胜过爱他人，即使他达到了想要的目标，我想他也不是幸福的。因为没有孤独的人觉得自己是幸福的，他缺少与他分享成功与喜悦的人，只因爱自己太多。

所以，世界上那些最伟大的人，从不吝于将自己的赞美加之于爱上。英国的勃朗宁曾将无爱的地球形容为可怕的坟墓，法国的拿破仑启发我们进行思考："你可曾想到，失去了爱，你的生活就离开了轨道。"德国的席勒也告诉我们："爱使伟大的灵魂更加伟大。"

拥有爱的人是幸福的，拥有爱的世界是美好的。爱是一切希望的来源，即使你现在一无所有，也不必担忧，只要你有自己爱的人和爱

自己的人，那么你的幸福就触手可及，你也会有拥有奋斗的动力。

假设我们拥有了一切，但是唯独缺少爱，那这一切就等于零，会变得毫无意义。即使我们失去了一切，只要拥有爱，一切便都有重新得到的希望。

第五章　因为爱，所以幸福

爱存在于平凡的生活中

中国人的传统观念一直都影响着我们对于爱的处理方式，我们总是很含蓄地向别人表达自己的爱，甚至有时还会刻意隐藏自己对别人的爱。因为我们往往觉得，真正的爱是不需要讲出来的，它需要我们记在心间，用行动去证明。如果一个人整天把爱挂在嘴边，那别人一定会怀疑他对爱的真诚度。在中国的男人与女人之间，男人的爱尤其深沉而含蓄。所以，在我们的日常生活中，误会也因此接踵而来，甚至这种过于含蓄在日积月累后会在不知不觉中让我们失去对爱的自信，爱仿佛离我们远去了，因为我们得不到任何语言与形式的提醒。我们开始怀疑，我们在怀疑中开始了痛苦地自我折磨，渐渐我们开始与爱人争吵，似乎想要借此找到爱的答案："你还爱我吗？"这样的问题经常会出现在我们的脑海之中，像咒语一样纠缠着我们的心灵。所以，我们说爱是需要表达的，在两个人相处的过程中，将我们对对方的爱进行恰当的表达，是我们学会爱和增进幸福必须具备的一种爱的技能。

一个人的独立、坚强和尊严并不需要以对爱人的冷漠和呆板来维护和证明。相反，一个真正独立和高尚的人是不需要以虚假的形式来掩盖内心真实情感的，他们更善于也非常愿意向爱人打开心扉，他们总会在恰当的时刻以各种不同的形式向爱人展示自己内心的情感和爱

意。他们完全懂得这是自己的需要，更是对方的需要。一个真正懂得爱的人是不会让深爱的人深陷猜忌与彷徨之中苦苦折磨自己的。爱有时虽然是自私的，但在给予爱人之时应该是无私慷慨的。

爱一个人应该让他真正走进你的内心世界，将你对他的爱展现出来，让他听到、看到、感受到。或许是繁忙中一个关心的电话，或许是动情时一句真心的表白，或许是一个深情的拥抱，或许是一朵美丽的玫瑰，不要嫌麻烦，更不要鄙视让你觉得俗气的爱情的"仪式"。如果爱你就应该将爱大声说出来，如果爱你就应该用行动去做出来。生活大部分时候都是很平静的，相伴在我们身边与我们携手一生的爱情，大多数时候都不会像电影与小说里那样轰轰烈烈。如果你想要等待一个最能展现爱的机会才去表现，恐怕这一生你都等不到。所以，我们应该学会在平淡的生活中给自己展现爱的机会，这会让我们彼此的内心感受到无比的幸福与温暖，它会让我们的爱在持久中全部展现。

珊珊是个内外兼修的美丽女孩，不仅仅有美丽大方的外表，更有一颗善良温柔细腻的心灵，凡事她总是能够从别人的角度考虑问题。不论是大学时，还是现在工作后，她身边总是不乏追求者。就是这样一个近乎完美的女孩儿，在恋爱两年后却越来越倍感失落，她逐渐感受不到爱情的温馨与美好。每当她独自一人走在街上的时候，她更加感到孤独，那种感觉背后空空的，心里酸酸的。她越来越觉得无法靠近男友的心。

两年来的恋爱中，珊珊尽量地对男朋友好，从来不要求男朋友为

自己做任何事情。她总是处处体量他的辛苦，从来不因为男友的迟到或者是不够关心自己而耍小脾气。约会时因为自己下班早，从来都是自己坐着公交车赶到离男朋友近的地方，甚至是出去购物时，她都是给男朋友买得多，吃东西她也依从男朋友的口味。这样久而久之，男朋友就习惯了珊珊的顺从与关爱，自己却很少为珊珊做任何事情。他理所应当地接受着珊珊的一切关照，似乎这已经成为了他们之间爱的模式，他不再关心珊珊的喜好，他忽略了珊珊的感受与需求，有关于爱的所有表达在他那里都成了没有必要。爱是相互的，这种互动仅仅埋藏在心里是不能够产生火花的。珊珊对于男友对自己的爱，也只剩下了一个模糊的信念，只是自己却找不到任何足可以证明这份爱的东西，哪怕只是生活中最琐碎的点滴。

直到那一天，珊珊因为身体不适，打电话给男朋友希望他能够接自己下班，而男朋友却以一个非常小的理由拒绝了她。就这样，长久以来日积月累的心酸从珊珊的心底一下子涌了出来，珊珊放下电话，她非常想与男友大吵一架。最终珊珊忍住了，可是她选择了不辞而别。

尽管不来接自己下班仅仅是一件小事，但这却实实在在地伤了珊珊的心。爱情就是这样，我们不知道它何时会以什么样的方式降临在我们的身上，更不知道何时它是以什么样的方式消失在我们周围。因为它就存在于我们点滴的生活之中，无形无色，却也有着属于自己的存在形式。

珊珊与男友的恋爱持续了两年，可见他们的感情应该是真实而可

信的，假如珊珊的男友真的不爱珊珊，那珊珊或许不会让这种患得患失的痛苦持续这么久。恋爱是甜蜜的，恋爱中一句真心的表白，一个细心的体量，凡此种种并没有什么生死誓言与大风大浪，给对方买礼物是小事情，吃对方喜欢吃的食物是小事情，接对方下班更是一件小事。但这些都是我们表达自己爱的方式与途径，即使是相恋的时间再久，即使是结婚多年的夫妻，我们也都不应该忽视我们的每一个细小的行为。因为这都是我们表达爱的途径，如果我们切断了它，那爱就成了埋在心里的死水，没有任何意义。

爱情存在于我们平凡的生活中，大多数时它都是浪漫而温馨的，但它更加是一件庄重的事情，它需要我们的承诺与互动，更需要我们彼此的鼓励和证实。即使我们的工作再忙，也不要忘记给爱人打个电话；即使我们的工作压力再大，也不要忘记爱人是在哪天过生日；即使是我们回到家后感觉很累，也应该面带微笑给爱人一个拥抱。我们不要因为对方是自己的爱人，就懒得去表示自己的爱意，哪怕是结婚多年的夫妻，我们也不要寻找任何借口，放弃创造让对方感动的机会，因为路途遥远、容易堵车等借口来推脱去机场接出差归来的爱人。要知道这恰好是你向他表达爱的一个大好的时机，相信在机场看到你的那一刻，感动与爱会填满爱人的整颗心，这会让你们的爱情永远保鲜。

爱情存在于我们平凡的生活中，大多数时它都是浪漫而温馨的，但它更加是一件庄重的事情。它需要我们的承诺与互动，更需要我们彼此的鼓励和证实。

爱是无私的奉献

　　爱是无私的奉献与给予，包括物质、感情、行动等形式。有爱的人有朋友，博爱的人朋友广。没有爱的人从不关心一切，只有自私，这种人将父子兄弟视若路人，甚至仇人，这种人是社会发展的障碍。爱是与生俱来的，所以可以认为是本性的特质，换言之，爱是作为人必须具备的本质之一。虽然世界各民族间的文化差异使得一个普世的爱的定义难以道明，但并不是不可能成立（沙皮亚−沃尔福假设）。爱可以包括灵魂或心灵上的爱、对法律与组织的爱、对自己的爱、对食物的爱、对金钱的爱、对学习的爱、对权力的爱、对名誉的爱、对他人的爱，等等，不同人对其所接受的爱有着不同的重视程度。爱本质上是一个抽象概念，可以体验，但却难以言语。

　　喜欢，仅代表个人心理感受。当见到喜欢的人或事物时，自身感觉到快乐。当喜欢达到一定的强度，人就会为之付出物质、时间、情感，甚至倾其所有，这时就上升为爱。爱，代表着愿意为对方无条件地付出，而不求回报。就像母亲对孩子的付出一样。爱是愿意为喜欢的人付出。如果不愿付出，仅仅是追求在一起时的快乐，那仅是喜欢。对于这个世界，也要从喜欢上升到爱的地步，你才能真正地理解这个世界。

在我们一生的旅程中，某些经历产生的感觉和感情会引起我们的变化，变得更深刻、更丰富、更本质。从这种经历中，我们对生命的意义形成了复杂的感情和概念，我们才能够开始真正理解世界。

客观世界和身体内部产生感觉，感觉又产生感情和情绪，赋予我们与世界相关联的"色彩"（质地、形状、共鸣，等等）。我们生长的环境，塑造我们对世界的思考和感觉，影响到我们在世界中的行为。

只有形成了复杂的感情和概念，我们才能够真正理解世界。我们对他人和世界越开放，他们展示出的真实内在品质越多。越是限制我们的感觉能力，我们与世界和他人的交往难度越大，虽然不是不可能。有个别例外情况，如出生时就有感官缺陷的人，或由于意外事故、疾病等，丧失了某种感觉功能，如果他们努力克服障碍，发展其他的感觉功能作为补偿，他们一样会获得成功。虽然他们有一些缺陷，但是他们并没用对这个世界失去信心，而是坚强努力地活着，他们依然爱着这个世界。就是因为他们爱这个世界，所以他们能理解世界，理解周围的一切信息。

爱的表达方式有很多种：说出来很明了、用行动表达的默默的爱，还有一种没有机会说出来和表现出来的凝聚在心里的爱。要理解世界，就抱着一颗爱世界的心，抱着在自己内心没有表达出来的爱去理解这个世界。

第五章　因为爱，所以幸福

热情地对待生活

美国作家爱默生曾写道："人要是没有热情是干不成大事业的。"大诗人乌尔曼也说过："年年岁岁只在你的额上留下皱纹，但你在生活中如果缺少热情，你的心灵就将布满皱纹了。"

人们有了热情，才会表现出对一种事物的爱，有了热情和爱，就会积极而努力地去做某件事，进而获得幸福。

一个人如果在生活中非常有热情，就能把额外的工作视作机遇，就能把陌生人变成朋友。热情会让人们获得许多意外的收获，能真诚地宽容别人，能爱上自己的工作。人们有了热情，就会充分调动自己的业余时间去做自己喜欢的事，就能充分利用余暇来完成自己的兴趣爱好。如一位领导可成为出色的画家，一个普通职工也可成为一名优秀的手工艺者。有了热情，没有什么你感兴趣或是想做的事做不到，只要全力以赴。

当著名大提琴家卡萨尔斯九十高龄的时候，他还是每天坚持练琴4～5小时。当乐声不断地从他的指间流出时，他已经弯曲的双肩又变得挺直了，他疲乏的双眼又充满了欢乐。

美国堪萨斯州威尔斯维尔的莱顿直至68岁才开始学习绘画。她对绘画表现出极大热情，并在这方面获得了惊人的成就，同时也结束了折磨她至少有30余年的苦难历程。

人们有了热情，就会辐射出对很多事物的爱，因爱而变得更加积极，也就增大了获得幸福的可能。如果生活中充满了热情，人就会变得心胸宽广、抛弃怨恨。如果一个人拥有热情，就不会抱怨生活的琐事或是命运的不公，而是把更大的精力都投入到自己所喜欢、所热爱的事物中，就会变得轻松愉快，甚至忘记病痛，当然还将消除心灵上的一切皱纹。

每个人的天性中都有一份热情，只是这种热情因环境、个人修养、性格的不同而有不同的影响。但是，热情也是可以后天培养的一种心态。如果只要我们懂得，热情生活是幸福之源，我们就会学会热情生活。

记得有一位哲人说过："永远用热情的宝石般的火焰燃烧，并保持这种高昂的境界，这便是人生的成功。"如果我们可以把自己的全部热情都注入到生活中去，并由此衍生对所有事物的爱，那么生活就如我们曾经有过激情时那般富于灵性，富于色彩，会变得丰富多彩而又富有灵性，幸福也会在不经意间眷顾于你。而我们有时候会有所抱怨，会有所不甘，其实都源于我们的那一份惰性。

我们内心还存在着一些消极的情绪——始终在希求着一份施舍，我们没有拿出那么多的热情来对待生活。而只是消极地等待，希望生活赋予我们精彩和满足。尽管人生会有许多艰难困苦和不幸，与其感叹或抱怨，不如拿出你的热情面对生活。只有时时刻刻充满热情，生活才会少几分无奈，你的生命中才会辐射出你对生活、对所有事物的爱，这样才会带来更多的幸福。有付出总有回报，你热情对待生活，

生活就会给你带来幸福，让我们真挚、热情地生活，成功和幸福将会伴随我们过一生！

幸福，你可以选择

幸福和爱相伴而行

一位心理学家曾做过一项研究：总在母亲身边玩的小孩要比不在母亲身边玩的小孩更有丰富的创造力。调查研究发现，孩子们在母亲身边的一定范围内，创造力是极其惊人的，这也可以叫作"创造力网"。原因是他们知道那个无条件爱他们的母亲就在身旁，那种来自无条件的爱带来的力量，给我们建造了一个"幸福圈"。

我们每一位教育工作者都要努力创造这样的"幸福圈"。你所创建的"幸福圈"就是你的人生功绩，你一生所创立的"幸福圈"就是你的人生功德，就是你建立的功业。人生在世，建功立业，建什么功，立什么业？归根到底，就是通过各种各样的方式努力打造"幸福圈"，扩大"幸福圈"。这个"幸福圈"包括你自己、你的家人、你的好朋友、你的同事，你所能影响到的社会。只有"幸福圈"越变越大，幸福才有可能更持久、更牢固、更坚实。

"幸福是人类的至高财富"，所以我们每个人都应该努力去创造"幸福圈"，你创造的"幸福圈"有多大，那么你内心的空间就有多大，同样社会将回报给你足够大的空间。你心里的空间有多大，社会就会回报给你有多大的空间。你给别人带来幸福，人们也将会永远记住你。

作为学校的工作人员，你得是留在学生和家长心中的一首颂歌。

第五章 因为爱，所以幸福

我们生活在学校这个集体中，要不断地反思，深刻地反思，自觉地把个人幸福与他人幸福连在一起。我们要时时感觉到个人的荣辱、幸福是和集体的声誉血脉相连的，并为这种血脉相连的幸福努力工作、顽强拼搏！我想，这是我们能够做到的。

生活对于每个人来说都是平等的，上天不会偏爱任何一个人。但人世间有的人会感到幸福，而有的人感受不到幸福或幸福感不强，那是因为幸福是一种能力，是感谢生命赐予和现有生活的能力；是感受快乐、抵制不良情绪的能力；是不断反省自己、完善自我的能力；是一种调节身心平衡，调节人与社会平衡的能力。

幸福不会从天而降，幸福不可能一蹴而就，更不可能一劳永逸。幸福是态度、是能力、是创造，幸福与相貌、智商、地位、金钱无关。我们应该试图建立"幸福圈"，去影响别人，给别人带来幸福的同时，也让自己更加快乐。这就是"幸福圈"的力量：它可以释放爱的能量。

幸福，你可以选择

爱是一种让彼此幸福的责任

爱，不仅仅只有浪漫和情欲，爱更是一件庄重而严肃的事。当我们选择它的时候，我们就应该明白，既然选择了爱对方，我们便有让彼此幸福的责任。

如果有一个人对着爱人说："对不起，因为我不能让你幸福，所以我们分手吧！"请不要相信他的话，他只不过找了一个冠冕堂皇的理由选择了对责任的逃避。而与此同时，他却给了爱人最大的伤害。

如果是真爱，就不应该逃避。因为相爱，即使再艰难，为了给对方真正的幸福，也应该努力。

爱，就要努力在一起。如果有一个人总是让爱人担心并恐惧他会离开，那他给爱人的就一定不是爱。要离开的人总会离开，再多的担心与恐惧都将无济于事。因为他不懂爱，真正的爱是一种责任，选择了，就有责任给彼此幸福。而在这个过程中，我们应该学会彼此适应、理解与包容，学会体谅对方的难处与心境。

爱不是可以轻易说出口的台词，在选择之前，一定要确定那是不是自己想要的爱情。如果爱了，就要对彼此负责，否则，一定会让彼此受到伤害。

东俊是个品学兼优的孩子，拥有一个富有幸福的家庭。他在大二的时候爱上了同班同学芸芸。芸芸很小的时候就失去了母亲，一直跟着父亲长大。后来父亲再婚，她有了个后母，从此她就很少回家了。

芸芸是个美丽而沉默的女孩儿，学习非常用功和努力，成绩永远是班上甚至是学校里面数一数二的，东俊喜欢芸芸的沉静与美丽，更被她在专业上的才华所折服。

两个人在大二时终于确立了恋爱关系。毕业后，由于芸芸实在不愿意与继母过多地相处。为了让芸芸能够找到家的依靠与温暖，东俊征得了父母的同意后，终于鼓起了勇气向芸芸求婚了。芸芸幸福地与东俊步入了婚礼殿堂。婚礼结束后两个人便在东俊父母的支持下一同报考了美国的一所大学，通过努力他们双双被录取了。

国外的求学生活是艰苦而孤独的，两个人远离父母，只能彼此鼓励和照顾。尽管东俊的家庭还算富有，但是两个人的留学开销还是一笔不小的数字，所以他们也像很多留学生一样，需要一边打工，一边上学。几年的留学生活使得他们的感情更加深厚了。东俊与芸芸学的是物理学，而一直以来芸芸的学习成绩都比东俊好。在专业上，芸芸一直都是个兢兢业业的学生，芸芸修完了博士课程，很顺利地考上了博士后。而东俊终于坚持读完了博士，他决定回国参加工作。

东俊一直都很钦佩芸芸在学习方面的努力，芸芸是一个优秀的女孩，很多时候芸芸的能力甚至远远超过了东俊，也比东俊更加勤奋。东俊没有理由让芸芸为了自己放弃学习，因为爱她，所以他知道自己应该尊重芸芸的理想与追求。尽管接下来他们要面临的是两地分居的相思之苦，但他们相信这并不算什么，因为彼此相爱，所以更不能让彼此成为束缚对方的绳子，应该让彼此成为对方走向成功与幸福的助推器。

东俊回国后，也曾有几个知心的同学提醒他，说："芸芸那么优秀，你把她一个人留在国外，可是一件很危险的事情，要是哪一天芸芸耐不住寂寞，跟了别人，怎么办？"

东俊对此只是一笑了之，他坚信芸芸决不是那样的人，他信任芸芸正如芸芸信任他一样。他也坚信，如果爱对方，就应该让彼此都感到幸福。这种状态下，芸芸并没有让他感到恐慌，他也给予芸芸最大的理解与支持。尽管费用很高，但他们两个尽量找机会见面，要么东俊飞美国，要么妻子借回国做课题的机会来见东俊。他们依然很幸福，他们对爱的理解决不仅仅停留在朝夕缠绵的狭小层面。他们爱对方，所以给对方最充分的信任与自由，让对方在爱的鼓励与支持下得到事业上最好的发展。最后，妻子芸芸终于在国外取得了非常高的学术成果，甚至在国际上影响都很大。芸芸终于回到了祖国，也回到了东俊的身边，并顺利地为东俊生下了一个聪明可爱的儿子。而她的事业只要她愿意，甚至可以跨过国界的限制。

相信在东俊与芸芸的生活中，一定也会遇到来自社会各方面的诱惑与压力，然而，最后他们都坚守住了一份信任，坚守住了彼此对爱的一份责任，实现了自己人生最完美的追求，爱情事业双丰收。

在我们生活的周围，像东俊与芸芸这样的夫妻有许多，他们为了彼此的理想与追求，选择了暂时的离别。然而，面对内心的寂寞与缤纷的诱惑，并不是所有人都能够坚守住那份美丽的爱情。假如，我们都能够在相爱的时候树立起一份爱的责任，我们就不会因为自己的一时私欲而放弃对方，使对方受到伤害。

现在城市中有越来越多的人开始饲养宠物，为了使这些饲主们能够正确理解饲养宠物的意义与责任，就有这样一则公益广告，其中有几句话大概是这样说的："在你决定我成为你家庭成员之前，请仔细想一想你是否做好了以下的准备：

1.你有你的朋友、你的娱乐，而你是我的唯一。

2.如果我犯了错，惹你生了气，请一定不要责骂我，因为之所以我那样，一定是有原因的。

3.在你打我的时候，请你想一想，其实我有足够可以咬断你手指的锋利牙齿，但是我却不会像你打我那样选择伤害你。

4.虽然为了生活你总是很忙，但还是请你多抽出时间陪陪我，多陪我讲讲话，即使我不能够听懂你的全部语言，但是我听得懂你的声音。

5.在我衰老的时候请一定要照顾好我……

这则广告以狗狗的视角讲出了狗狗的心声，提醒人们在饲养宠物的时候一定做好心理准备，明白自己的责任。那么，关于我们的爱情与婚姻呢？是不是也应该在选择之前就应该好好想一想，其实爱也是一种责任，无论是对宠物的爱，还是对爱人的爱，选择了，就不应该离弃。

记得电视剧里面的情侣总是会在教堂里面举行结婚典礼，而典礼上有一个非常重要感人的仪式：新娘与新郎会在神父的引导下，在神的面前宣誓。

神父会问新郎说：××，你愿意娶××小姐为你的妻子吗？照顾她，爱护她，无论贫穷还是富有，疾病还是健康，相爱相敬，不离不

弃，永远在一起？

新郎会回答：我愿意娶××作我的妻子！照顾她，爱护她，无论贫穷还是富有，疾病还是健康，相爱相敬，不离不弃，永不分离。

神父也会问新娘说：××，你愿意嫁给××先生为你的丈夫吗？尊重他，照顾他，守护他，无论贫穷还是富有，疾病还是健康，相爱相敬，不离不弃，永远在一起？

新娘会回答：我愿意嫁给××作我的丈夫！尊重他，照顾他，守护他，无论贫穷还是富有，疾病还是健康，相爱相敬，不离不弃，永不分离。

然后，新娘与新郎会为彼此戴上象征誓言与爱的戒指，从此他们的人生开始了崭新的旅程。这是多么幸福的时刻，几乎是所有女人与男人都渴望的矢志不渝的爱情。婚礼中的爱人，以这种浪漫的方式，见证着自己对彼此爱的誓言，提醒自己永远守住那份爱的责任与永恒。

不论是生活或是戏剧，爱情以不同的形式被不同的男男女女所演绎着。当人们完成恋爱的跋涉，终于修成正果结为夫妇，有的人总是会在爱情归于平淡的时候，而开始怀疑最初的爱，或许此时曾给予自己无比幸福与甜蜜的爱情，变得令人窒息和无法忍受。有时甚至让你觉得乏味而干涩，似乎爱情在婚姻中已成了过往，而激情却在别处再一次燃烧了。

此时，你是否会记得曾经相爱时的承诺，想一想你们的婚姻与爱情也是一种责任？在你抱怨对方没有给予你幸福的时候，你是否尽到了给予对方幸福的责任呢？爱是一种责任，而婚姻更是一种责任。

如果说爱情是两个人的事，那么婚姻就不只是两个人的事了。婚姻承担了远比爱情更多的责任，包括彼此的父母家庭，还有属于两个人共同的家庭生活。婚姻使两个完全不同的人生活在一起，组成了一个家庭。在婚姻生活中幸福或不幸都是两个人的，不可能其中一个人感到幸福，而另一个人因此而感到痛苦。所以，如果爱，就要做好承担一切责任的准备，永远不要离弃，就像誓言中所说的那样："照顾她，爱护她，无论贫穷还是富有，疾病还是健康，相爱相敬，不离不弃，永不分离。"

真正的爱是一种责任，选择了，就有责任给彼此幸福。而在这个过程中，我们应该学会彼此适应、理解与包容，学会体凉对方的难处与心境。

幸福源自于爱的无私

发现每个人都有一套属于自己的"幸福观"，每个人对幸福的理解都有所不同。幸福指数也有高有低，幸福指数的高低让我们得到了对幸福深刻的认识和了解。幸福是有共性的，这共性就源于我们人类无私的爱。

好了，让我们共同走进幸福的海洋吧。

幸福是一杯透明的水，透明却没有味道。虽然起初味道平淡，但是在你回味幸福的时候，它却比蜜还甜，那是因为幸福中包含着爱，就像是糖，当糖溶入水中的时候，幸福就有了甜的味道。然而，这种幸福的味道在生活中常常被人们所忽略，但是一旦你用心品尝幸福这杯水，你就会感受到爱的甜味。

幸福来源于爱，爱来源于心里。

记得有一次我和朋友出门办事，路上见到了一个很可怜的乞丐，但是，很少有人会给他钱。每当别人给他钱的时候，他都会看着对方说："谢谢好心人。"朋友手里正好拿着两个大橙子，他看了看乞丐，又看看自己手中的橙子。他走到了乞丐面前，把那两个大橙子放到了乞丐手里。乞丐看了看橙子，别说谢了，连头都没有抬起来就把橙子放在身后了。顿时，这个朋友人都傻了，他皱着眉头说："可怜之人必有可恨之处……"这一路他的心情都糟透了，我都快被这些

抱怨影响了，我开口问他："你为什么要把自己最喜欢的橙子给乞丐？"

他说："因为我看他很可怜，我是一个有爱心的人，这是从我心里对那个乞丐无私的爱呀。"

我笑了笑说："你根本没有爱，又谈何有爱心呢，因为你给他橙子时你是有目的的，你要用橙子换来谢谢和乞丐对你特别的感激，可一旦没有换回你想要的东西，你就开始抱怨和谩骂，这就是你的爱和爱心吗？"从那天起，我们的感情更好了，沟通更深了，当然快乐和幸福也在他和我的身上又增加了……

爱，可贵在无私和不求回报。幸福不仅仅在你得到爱的时候可以感受到，在你付出爱的时候，你更加可以感受到幸福。

一个年幼的孩子得了胃病，吃东西很少，当地人推荐孩子吃米酒，说是可以暖胃。孩子的母亲在街口第一次去买米酒时，一位老阿姨接待了她，她说："要10块钱的，给孩子吃，他们说可以暖胃。"老阿姨爽朗地笑着说："吃这个对孩子胃好，买1块钱的就够了，如果吃多了反而会烧胃。"她觉得这样实在的生意人真是难得，便拿着米酒回家去了，孩子果然吃了后很舒服。女人便天天去那里给孩子买米酒吃，孩子的小脸一天天见红了，饭量也好起来。

有一天，天气非常寒冷还夹着雪花，孩子的母亲那天正好单位有事下班晚了，往回走时天已经黑了，当她走到街口的时候看见那个老阿姨正在向她招手，她很好奇地问阿姨："这么冷，天又黑了，您还没有回去吗？找我有事吗？"阿姨说："今天我的米酒卖得很快，

我怕孩子吃不到，便留了一些，一直在这里等你回来。"她听了感动得热泪盈眶，赶紧掏出5块钱递给老阿姨说："您快回去吧，不用找了。"阿姨找回4元钱，微笑着说："家人都劝我别干了，但是我忙了一辈子，闲不住。何况大家都喜欢吃我做的米酒，我觉得很幸福。"

这位阿姨感到幸福是因为她付出了爱，她把对顾客的爱融入到每天做的米酒里。顾客吃到米酒感觉是幸福的，他们脸上绽放的笑容也让阿姨感到幸福。如果一个人将工作作为生命的一部分，在这份工作的付出中也就收获了幸福。给予别人的是一种幸福，看到别人因你的努力而改变，而别人给予你的也是甜甜的幸福。工作着是幸福的，在工作中体验幸福，是自身与他人对幸福的传递。

幸福是一种精神，是一种无私付出的精神。

幸福对于每个人都是公平的，它不会因为贫富贵贱而区别对待每一个人；不会因为每个人的贫富贵贱而分配不同的幸福。有人说，幸福是一种感觉，快乐也好，悲伤也罢，你能感觉到一切喜怒哀乐就是幸福，因为这是你热爱生活的最好表现。只要内心充满无私的爱，那么幸福就会在你身边。

有一位老婆婆，无子无女，跟老伴儿相依为命，三年前的一次意外车祸让她的老伴儿卧床不起，而她也从此失去了左脚。但老婆婆仍然和从前一样每天都会穿过两条胡同去买菜，回家还要照顾卧床的老伴儿，她现在拄的"拐杖"就是家里的小木凳，每次都将买好的菜拴在木凳的横杆上，然后三步一停地在回家的路上走着。三年来，无论刮风下雨，还是酷热难耐，老婆婆都一如既往，从未间断过一天……

在老伴儿出车祸之前，老婆婆也曾和他十指紧扣、相互搀扶，漫步在大街上。"执子之手，与子偕老"，用到这里最恰当不过了。虽然她再也不能与老伴儿并肩站立，但在老婆婆眼里只要老伴儿还在身边，便有一种极温暖极踏实的感觉在心头涌动，所有灿烂或不灿烂的日子都变得崭新而明媚。当你风烛残年的时候，你躺在摇椅上慢慢回味你所走过的路程，只要自己一直都努力着、付出着、创造着，无论结果是悲伤或是喜悦，成功或是失败，那时，对你来说都是体会着一生的幸福，你脸上可以展现的微笑正在告诉你，幸福是一种感觉。正如时间一样，幸福不会留下痕迹，只是在你的心里写下了一道道亮丽的风景，是我们心灵的一种感悟。

幸福，你可以选择

爱能填补从现实到幸福的距离

所谓的幸福是什么？其实，所有人的幸福是不一样的，幸福也不是可以用某种东西来衡量的。如果非要定义幸福，那就是人们的生活、物质、工作和学习，更包括亲情、友情和爱情，都得到了一定的满足。或是说幸福就是无忧无虑，从而使人产生一种快乐的感觉。

有人说，幸福与现实是有距离的。那么，爱就是填补这个距离的东西。或者说，无忧无虑使人产生的快乐是一种感觉，也可以说，幸福是单一的、独一无二的。幸福如花，生命盛开又凋落；幸福如茶，浸泡的滋味甘苦自知；幸福如歌，迂回百转的人生起伏变迁。当生命中遇到爱时，心中就会充满无比温情，心中的情窦片片，玫瑰花开。当人生被爱牵住时，绕指的温柔许诺了一辈子的深情。心中充满爱，就会让最美妙瑰丽的幸福陪伴终身。

幸福是一种感觉、一种境界、一种氛围，难以说得清，道得明，更不需要去请教别人。

因为即便你翻遍所有的人生，每个人都有每个人的幸福。即使你问遍所有人，也难以找到自己满意的答案。要想得到幸福，就必须学会爱。你的爱情幸福与否，只有你自己知道，被人看出的幸福，或许只是在爱情生活中一段必要的插曲，浅显而缺少永恒的价值。永恒的幸福早已深入骨髓，爱会成为一种力量，填补幸福与现实间的距离，无时不支撑着你的人生。

有能力成就非凡人生的人，不一定能拥有终生的幸福。因为这种幸福不仅仅和个人的智慧与汗水有关，更关键的在于一个人是否具有爱的能力，是否寻找到与你对应的另一半。在真正的爱情里，理解与默契是一种幸福，别离与牵挂也是一种幸福，既使是那些难言的无奈与凄苦，也总是闪烁着幸福的光辉。但就是这种爱，让幸福离你越来越近。爱情，总是给人带来两种截然相反的体验——幸福或痛苦，二者虽表现方式有异，却紧紧相连，使爱情跌宕起伏，让幸福变得充实而意味悠远。

凡是拥有幸福的人，总能具有正视痛苦、深埋痛苦、拥抱痛苦、渲泄痛苦的勇气，因为有爱的支持，即使经历痛苦，幸福也不是那么遥不可及，只是对幸福的一种考验。拥有爱的人，具有在痛苦中不消沉、不萎靡的度量；具有在痛苦中寻找、提炼幸福的能力。当你爱着的时候，你就要懂得爱：正视痛苦是一种爱的修养，深埋痛苦是一种爱的坚忍，渲泄痛苦是一种爱的坦荡，拥抱痛苦是一种爱的执着，正是爱的这些力量，促使你的幸福能够常伴身边。

虽然爱的痛苦不可避免，却总是自始至终地包含在爱的幸福之中，那么，在你的爱情生活中，幸福总是迟迟不肯降临，可能是因为你还爱得不够，不够填补幸福与现实的距离。如果幸福和痛苦得都不够，那是因为你爱得还不够。虽然爱情带来的痛苦是深刻的，但是爱情带来的幸福，也会比其他事物带来的幸福深刻千万倍。所以，修炼你的爱吧，它能让你与幸福越来越接近。

诚心相拥的时刻，总是抱紧自己的手臂，生怕情缘会像秋后的

树叶枯了落了，生怕冬天风化的积雪会在来年袭上眉宇，盼望着温暖驻足成永恒。愿没有容颜变苍老，没有世事误会烦扰，琴瑟和鸣地度过淡泊的日子。所谓相守一生是一辈子的幸福，但短暂刻骨的相爱也是一辈子的幸福，无论长短，懂爱且爱过就是拥有过一辈子的幸福，至少要去珍惜这一切。有朋友问我，爱一个人是什么感觉，我顿时无语，不知道怎么去定义，也无法去准确地诠释。仔细想想，爱一个人，好像没有严格的定义，爱就是一种感觉，看不见也摸不着的幸福……

爱一个人，应该是独自走在路上，却不经意去想象她就在旁边的样子，想象挽着她的手一起逛街，一起散步，一起做很多事。爱一个人，应该是不管何时何地，只要手机响起就会紧张，以为是她的短信或是电话，有激动、猜测，但更多的是期盼，在确认不是她以后，会松一口气，但却有无尽的失望、失落。爱一个人，应该是每看到一部爱情剧，就会把两个人想成男女主角，想象两个人一起出演一幕幕感天动地的醉人画面。爱一个人，应该是每天都把她曾经说过的话回味一遍，然后一个人傻笑。爱一个人，应该是只想知道她每天过得好不好，有没有什么烦心事，却不愿意让自己的事给她带去烦恼。爱一个人，应该是每次打电话都在笑，很温柔地应承她的叮嘱，哪怕已经说了很多遍。爱一个人，应该是一到空闲就在想，她在做什么，是在上班、休息，还是她有没有想我？爱一个人，应该是随时都担心她吃不好，睡不好，总怕她累着，怕她生病，身体不好。爱一个人，应该是到一个地方玩的时候，就会想象如果她也在的话，她会怎么做，那个时候又会是多么幸福。爱一个人，应该会因为一整天没有她的任何

消息而生气或是担心。爱一个人，应该是哪怕距离隔得远，却仍感觉彼此靠得很近，因为我们在同一片星空下，我们沐浴着相同的阳光，我们呼吸着一样的空气，我们靠着思念温暖自己，以此过活。爱一个人，应该会变得细腻、温柔、安静、大度。爱一个人，虽有万千种非同寻常的表现，但只有一种，那就是甜蜜、幸福的感觉……

幸福，你可以选择

幸福与爱是相互作用的

我们都知道，自然界中有太多的美妙，太多的神奇。自然界中力的作用是相互的，你推墙一个力，它也必然还你一个力。我们情感的世界又何尝不是这样？人与人的情感也是相互的。在大部分情况下，你对别人好，别人也会对你好；你对别人付出感情，也必然会得到相应的回报。爱是人类感情的最高境界，爱的力量是伟大的，它使我们有勇气、有信心、有支撑地面对纷繁复杂的世界，你爱别人，也渴望得到别人的爱，其实，爱的作用也是相互的。

真正的爱是发自内心的，不是语言就足以表达的。爱上一个人，你的整颗心都会被你爱的人所吸引，为他（她）着迷，为他（她）牵挂，但愿每一分钟都可以见到他（她）。见不到的时候时时刻刻都会想着他（她），见到的时候你会兴奋，心跳加快。在一起的时候，你会感觉很温暖、很安全。真正地爱一个人，会心甘情愿地照顾他（她）、关怀他（她），给予他（她）想要的一切。看着你爱的人开心，你也会跟着开心，看到他（她）烦恼，你也会跟着烦恼，但你会想尽一切办法使你爱的人开心快乐。真正地爱一个人，会想和他（她）共同到老，与他（她）相濡以沫，愿意为他（她）付出，随他（她）的喜乐而喜乐，为他（她）的忧愁而忧愁。你全身心地付出，你会期待用你的全部爱心来带给他（她）最大的幸福，而你也在这

种过程中得到了另一种幸福！这就是爱的相互作用。你时常想到他（她）就开心，很介意他（她），很在乎他（她），没有他（她），好像失去了什么，有了他（她），就拥有了快乐！彼此感觉为对方带来了不可言喻的幸福，正是因为双方对爱的付出，让彼此的爱温暖对方的心灵，才会无时无刻不感到幸福。所以，幸福是爱的相互作用，只有一方的爱是构不成幸福的。幸福是两颗心的惺惺相惜，是两个人的患难与共。只有双方的爱相互支撑，才能让幸福之花维持得更长久。

古龙的小说《多情剑客无情剑》中有一段很耐人寻味的话：也许她一直都在爱着他，只不过因为他爱她爱得太深了，所以才会令她觉得无所谓。爱她爱得若没有那么深，说不定她反而会更爱他。这就是人性的弱点，人性的矛盾。所以，聪明的男人就算爱极了一个女人，也只是藏在心里，决不会将他的爱全部表现出来。人就是这样，付出的感情多的那方往往得不到对方的重视，长期的付出或许会被当作理所当然，或是俨然成为一种习惯。这是人性的弱点，也是人的矛盾之处。人性还是贪婪的，总是得陇望蜀、朝秦暮楚，以为得到一个便又企望着下一个，总以为下一个才是最好的。究其原因，因为一方太过在乎而付出太多，另一方则爱得相对较少，这样，爱的力量就失去了平衡，一方的辛苦换来另一方的满不在乎，又何来幸福可言呢？爱是相互作用的，一方的爱太多，一方的爱太少，必然失去了平衡。

幸福的感觉是自己争取的，幸福是来自相互平衡的爱。爱得太深，无法自拔，往往为情所困，看见别人的幸福只能心中一阵酸痛。

这样的人其实是非常愚蠢的，看到只是外在拥有罢了。幸福来源于爱的相互作用，两个人在感情中找到了平衡点时，幸福之意便会越来越浓。其实一个人爱上另一个人，往往缘于初时的那份感动，尤其是女人。女人心中所爱的永远是那个曾经对自己痴情专一、呵护备至的男人。当那个男人变了，女人虽为此痛苦，但心中的那份爱意也会随之转淡。只是有些女人尽管如此，依然会选择宽容地对待。这或许是出于一种习惯的依赖，也或许是处于弱势之故，而与真正的爱情无关。

第五章　因为爱，所以幸福

拥有完美的真爱

真爱是无私无畏的！

付出完美的爱，你才会收获完美的爱。

没有谁是你的敌人，也没有谁是你的朋友，所有人都是你的老师。

视钱财如粪土，就会永远与钱财绝缘。

爱是地球上所有人的动力之源。"我再送你一条新的法则，即人要互助友爱。"奥斯朋斯基曾经说过，爱是一种宇宙性的现象，开启了人类的第四维世界———一个"奇妙的世界"。

真爱是无私无畏的。它整个地投入到自己所热爱的事物中，不求回报，乐于奉献。爱如圣哲，拥有宇宙中最强大的力量。爱自然地展现它的纯洁与无私，无须人们追寻。极少有人知道真爱的内涵，人们总是因自私、暴虐或恐惧而失去所爱的事物。嫉妒是爱的大敌，它让人胡思乱想，看到爱慕的人相互吸引，如不加引导，恐惧感就会随时滋生。

痛苦不是人类发展的必需，它是背离精神法则的结果，可是很少有人能从他们的"灵魂沉睡"中振奋起来。当人快乐时，他们往往会变得自私，因果报应便随之而来。人遭受损失，经常都是由于缺乏欣赏。

我认识一个女人，她有一个好丈夫，但她总是说："关于婚姻的一切，我都不在乎，我并不是讨厌我丈夫，而只是对婚姻生活没有兴

趣。"

她有很多爱好，以至都快忘了还有丈夫。她只在看到他时，才想到他。终于有一天，她丈夫对她说，他爱上了别的女人，然后离她而去。她带着愁苦和怨恨的表情找到我。

我帮她分析："这正是你的语言导致的结果。你说你对婚姻的一切都不在乎，于是潜意识就发生作用，让你们离婚了。"

她说："噢，是呀，我懂了。人们终会得到他们所想要的，并因此受伤。"

她很快就适应了这种状态，并懂得了，分开对双方来说都有好处。

当一个女人变得漠不关心或吵吵闹闹，再不能引起丈夫的兴趣时，她的丈夫便会对他们之间的关系失去激情，变得不安和不满。

一个沮丧、痛苦又贫困的男人来找我。他的妻子对"数字科学"发生了兴趣，并要他攻读。看得出来结果并不太好，因为他说："我老婆总是说：'你将一事无成，你只不过是一个代表失败的人。'"

我回答说："在神圣的思想里，你是完美的，成功和财富注定会为你所有。"

几周之内，他找到了个好工作。不出一两年，他就成了一名作家，取得了巨大的成就。所以，一个人想要成功，一定得热爱他所从事的工作。艺术家只有将爱融入画作（或其他艺术），他的作品才会不朽。平庸的人只会越来越窘困。

人如果看不起钱，自然就赚不到钱。很多贫困的人就是经常说："钱财于我如浮云，我最鄙视那些有钱人了。"

第五章 因为爱，所以幸福

这就是很多艺术家生活窘迫的原因。他们视钱财如粪土，所以永远与钱财绝缘。

我曾听说过一位艺术家这样评价他的同行："他不是一个优秀的艺术家，他在银行里有存款。"

抱有这种想法的人，无疑是得不到丰富的物质利益的。你必须与你所想要得到的东西和谐共处。

钱神通广大，可以满足人的需求，让人摆脱束缚，但是，钱必须保持流通并正当使用，囤积和节俭必将遭受严厉的报复。

这并不是说人不应该有房子、田地、股票和债券，因为一个正直的人的仓库也应当装满财富；人不能在需要用钱的时候，还顽固地囤积着，一点也舍不得花。大胆而愉快地花钱，钱才会更多地回来，因为上帝为人提供了取之不尽的财富之源。

这就是对钱和永不倒闭的宇宙大银行的正确态度！

在电影《贪婪》中，我们看到一个关于节俭的例子。一位妇女买彩票中了5000美元，但她舍不得花掉。她囤积下来，并更加节约，任由丈夫过着痛苦和饥饿的日子，甚至她自己也以擦地板为生。

她爱钱超过一切，而一天晚上，她被杀害，钱也被抢走了。

这正应验了那句话："舍恋钱财是一切罪恶的根源。"钱本来是对人有利的，但若把它用于歪门邪道，或过于吝啬，甚至认为它比爱还重要，那么，钱就会给人带来灾祸，钱本身也将不复存在。

跟随爱的路径，一切都会接踵而来，因为爱会为你提供一切；步上自私与贪婪的后尘，你将一无所有。不仅钱财保不住，连爱人也会

离你而去。

有个例子是这样的：有一个女人非常富有，但却过于守财。她不断给自己购买东西，却一点也不愿意施舍。

她特别喜爱项链，一个朋友问她有多少条，她回答说"67条"。她把项链买来之后，就好好地珍藏起来。如果她戴这些项链的话，还说得过去，可她却明显违背了"使用原则"。她的衣柜里尽是从未穿过的衣服和没见过阳光的珠宝。

这个女人的手臂慢慢地麻木起来，再也抓不住东西。人们都认为她无法看管自己的东西了，她的钱财也只好交由别人来管理。

所以，一个漠视法则的人只会带来自我的毁灭。

所有病痛和不快产生的根源都是对爱之法则的违背。人们的怨恨、愤怒和批评必将给自己带来疾病与忧伤。爱作为一种艺术似乎已经过时，但对精神法则有所悟的人却知道爱的艺术定会重放光彩，因为没有它，人就和"行尸走肉"无异。

譬如说，我的一个学生，月复一月地来找我，让我帮她清理心中的怨恨。没过多久，她就达到只恨一个女人的地步了，可对这个女人的恨却怎么也不能清除。但渐渐地，她就变得平和起来，终于有一天，她头脑里再没有一丝怨恨的影子了。

她找到我，高兴地对我说："你一定无法体会我此时的感受吧！当那个女人和我说话时，我不仅不愤怒，还特别友善，她跟我说"对不起"，看起来挺可爱的。没有人会像她现在这样阳光！"

爱和友善是处世通行的法宝。

比方说，一个女人向我抱怨她的老板。她说她的老板冷酷无情，又爱挑剔，永远也不愿提拔她。

我提议："你要爱你的老板，并向她致敬。"

她说："我怎么做得到呢？她的心就像大理石一样冷漠、毫无感情。"

我回答道："你听说过雕塑家想要一块大理石的故事吗？有人问他为什么想要，他说'因为里面藏有天使'，大理石可以被雕刻成完美的艺术品。"

她说："我试一下吧。"刚过一周，她就来找我，并说："我按你教的方法去做了，她对我很和蔼，还让我坐她的车出去呢。"

人们常常会为自己不友好的行为感到悔恨，这种行为也有可能是在几年之前就发生了。

即便我们无法纠正以前犯下的错误，至少现在可以做一些好事来补救。

"我做了这件事，就可以忘掉过去，展望未来。"

悲伤、惋惜与悔恨会撕碎我们的肉体，毒害我们的身躯。

一位妇女极为伤心地对我说："教会我幸福与快乐吧，我的悲伤让我的家人烦躁，而这又增加了我的悲伤，我陷入了恶性循环之中。"

我曾开导过一位痛失爱女的母亲。我要她坚信，她并没有和自己的女儿分开，她仍然活在一个充满欢乐、爱与和平的世界。

她迅速镇了下来，但却让她儿子传话给我，说我不用再开导她

了，因为"死了女儿还这么快乐的人是得不到大家的尊重的"。

所以，大众的思想总是认同悲哀和悔恨。

我认识一个女人，她总爱到处夸耀自己所遭遇的苦难，当然，她从不缺少可以夸耀的事情。

自古以来，人们都认为一个女人是担心自己的孩子的，否则便不是一个好母亲。

现在，我们知道，孩子的很多疾病和意外都是母亲的担忧造成的。

因为担忧会让人不停地想象疾病或担忧事物的状态，若不加以控制，这样的担忧极有可能变成事实。

一个女人在午夜惊醒，感觉自己的弟弟遭遇了危险。但她并没有被恐惧吓倒，她不断地祈祷："人在圣哲的神圣思想里是完美的，会待在他该待的地方。所以，我弟弟一定待在他该待的地方，他会得到上帝的保佑的。"

第二天，她得知，昨晚她弟弟险些踩到地雷，但却神奇地幸免了。

因此，她的思想是她弟弟的保护神，每个人都应明白，你所爱的事物恰在"一个至高无上的神秘地带"。

恶魔不会降临到你头上，瘟疫也不会光顾你的居所。

完美之爱能够驱逐恐惧。而恐惧者之爱是永不完美的，爱是万能法则之履行。

第六章
幸福是相互的

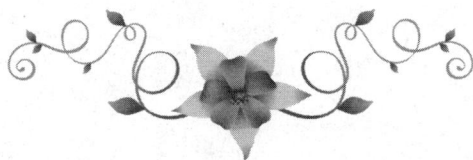

严肃的人的幸福，并不在于风流、娱乐与欢笑这种种轻佻的伴侣，而在于坚忍与刚毅。

——[古罗马]西塞罗

送人玫瑰，手有余香

什么是幸福？幸福就是送人玫瑰，手有余香。这是一条让人间充满爱和希望的路，是我们应该执着追求、坚持走下去的一条路，我们会在坚持中感受着人生的快乐和幸福！

在我们的生活中，我们总会遇到这样的好人，他们给别人以真诚的帮助和扶持，而自己也从中得到慰藉，心中充满快乐和阳光。我想，这样的人是幸福的，于人于己，他们这样做都是值得的。

我曾在公交车上见过这样一幕。一位中年男人上车后翻遍口袋也没有找到零钱，司机用非常恶劣的态度督促他："没钱就下车！早干嘛去了！"这已经是晚上八九点钟，公交车也是等了好久才来了一趟，下车就不一定能再等上公交了。中年男人尴尬地说："现在确实找不出来了，要不到站了，我再拿给你。"司机依旧不依不饶地说着难听的话，车上的乘客虽然有些看不惯，却不好说什么。这时，一位老太太从口袋里拿出1元钱给了中年男人，说："先投进去吧。"中年男人有些不好意思，推辞几番，拗不过老人，就接过钱投了进去。这下，司机停止了抱怨。车上人将赞许的目光都投在老太太身上，老太太依然保持着和善的笑容。只是1元钱，说实话，我们谁都不会说特别在乎那1块钱，但愿意在别人面临困难之时拿出1块钱的人又有多少呢？1块钱，平息了司机的愤怒、中年男人的尴尬。同时老太太心中更

是幸福的，因为她觉得她花这1块钱是值得的，帮助了别人，内心也会无比快乐。

我们是否想过，我们很少感到幸福，是不是因为自己太过吝啬？有时只是举手之劳，便可救别人于危难，我们或许怀着多一事不如少一事的态度，不肯出手帮忙，却也因此错失了得到幸福的机会。帮助别人的时候，自己内心不但会得到满足，而且也会为自己以后埋藏一个种子，总有一天，你会尝到丰收的硕果。幸福并非那么遥不可及，是我们每个人只要迈出小小的一步，就能得到的东西。

送人玫瑰，手有余香。我们在生活中需要用心体验这句话的深刻与博大的意蕴。

善待生活就是善待生命，善待别人就是善待自己。当我们在生活中播撒爱心，也会使温暖与感动长存心间。如果每个人都能心怀善良、心怀感激，都能无私地帮助别人，那么阳光将洒满内心，幸福也会随之降临。

俗话说："花无百日红，人无千日好。"生活是现实的，我们自己也总有遇到困难需要帮助的时候，你曾不计回报地帮助过别人，别人也会在你危难之时伸出援手。幸福是相互的，你给了别人幸福，自己也会感到幸福。我们要收获幸福，就要有赠人玫瑰的大方，付出的过程也是收获的过程。

给予比接受更快乐

助人为乐是一种高尚的品质，因为这种行动是无私的、不求回报的。乐于助人的人是幸福的，因为他们的行动让别人感到了温暖、幸福，自己也会从中得到满足。如果你想要成为一个亲切又有爱心的人，那么就要付诸于行动。你可能会问，我能为别人做什么呀。其实，当我们花点儿时间问自己这个问题的时候，你就会发现，能够帮助别人的方法有无数种，只要你的行为是发自内心的就足够了。

生活中，每天都会有人遇上困难，这些人是需要我们伸手去帮助的，有些人会不理不睬，不想招惹麻烦，而有些人则会很热心地帮助他们。有很多小事人们不足为道，所以不去做，但是我们是否想过，其实有些在我们看来很小的事，或许在别人眼中就是帮了他们一个大忙。也许在我们看来是很小的事情，但如果在此时帮一把手，也许对于别人来说，可以称得上是解决了燃眉之急。

中国有句古话："勿以恶小而为之，勿以善小而不为。"助人要从日常小事做起，不因善小而不为。有些只是举手之劳，但对别人来讲却是意义非凡。比如，公交车上主动让座位给"老、弱、病、残"。再比如，看见别人有什么困难的时候问一声、帮把手；下雪天把门口的雪扫干净，免得老人和小孩子滑倒；帮别人扶起倒地的车子，这些都是很容易做到的。

雷锋助人为乐的精神鼓舞着几代人，在当下的社会，这种精神更加可贵。这是让整个中国感动的精神。从小我们就知道，助人为乐是高尚的品德，是我们中华民族五千年的传统美德，所以要继续发扬光大这一传统美德，尤其对孩子，要从小教育他们助人为乐，这样才不会变得自私，不要让若干年后的孩子们只能在课本上看到助人为乐的故事而在现实生活中却感受不到、不知其意，这是最尴尬的事情，也是我们最不希望看到的情形。

　　不知道你是否记得2005年"感动中国"的获奖者丛飞的事迹？他支援了贵州很多的贫困学生直到读完大学，到他去世前还支援着很多贫困的小学生。他自己并不富裕，为了帮助别人，他最后不惜卖掉家里唯一值钱的沙发，借钱来帮助需要帮助的人们，甚至自己欠下十多万的债务。面对亲人的不理解、朋友的反对、世俗的讥讽，他仍然以一颗超乎常人的心积极面对一切，即便在医院，他也同样在感化着周围的一切，让大家快乐。

　　助人为乐也是有利益的，当然不是物质上的利益，而是会带来精神上的利益，是一种高尚的利益，是无法用金钱衡量的。助人为乐是人道主义的实现，是奉献社会的满足，现代人更要强调助人自助，以及赠人玫瑰、手有余香的理念。

　　经常助人为乐的人，内心肯定是充满阳光的、是快乐的。因为在帮助别人的过程中，你是用心在付出，这比总是索取的人生活得更加舒畅，更加充满乐趣。

　　拉布吕耶尔曾经说过："最好的满足就是给别人以满足。"当把

幸福，你可以选择

助人为乐看作是一种和穿衣、吃饭一样，已经变成所有人生活中的一种习惯时，世界也会更加美好，不会只是充满了金钱、名利的争斗，我们的社会就会变成世人所向往的大同世界。

在工作中，应该树立正确的幸福观，把为他人谋福利当作自己的义务和幸福；其次，要树立正确的处事观，遇事要设身处地地为他人着想；再有，要树立正确的知行观，在工作中去锻炼、去实践，在千百次的实践中去铸造自己良好的道德品质，为周围的群众做一个好的榜样。做一个闪光点，把乐于助人当作一种习惯，把我们生活的社会建设得更加美丽！

其实，付出就是一种回报。的确，当我们付出的时候，我们就会得到相应的回报，两者是成正比的。当我们帮助别人，并看到他人因此感到快乐、获得幸福的时候，在我们的内心，就会油然而生一种意想不到的感受，那种感觉就叫幸福。

第六章　幸福是相互的

破坏别人幸福的人必痛失幸福

幸福来之不易，所以要珍惜。其实我们自己的幸福是这样，他人的幸福也是这样，所以有一种幸福是用心去呵护他人的幸福，而不是践踏他人的幸福，破坏别人的幸福往往是在减损自己的幸福。

其实，那些践踏他人幸福的人都没有得到善终。嘲笑他人的人同样会受到别人的蔑视，而破坏他人家庭的人则受尽世人唾骂，终日良心不安，毁坏他人事业的人则受到法律的制裁。

总之，破坏他人幸福的人只能遥望幸福。

有些时候，我们刻意追求所谓的幸福，而忽略了别人，甚至不顾惜别人。不少封建统治者往往为满足自己的穷奢极欲，大兴土木，刮尽民脂民膏，丝毫不顾惜百姓的死活。我们要明白，不是只有自己的努力才值得被尊重，不是只有自己的幸福才值得珍惜，任何用辛劳的付出换来的东西都是值得呵护的，我们没有权利去破坏。然而，在我们的现实生活中，这样破坏别人幸福的事情，也是数不胜数。

呵护别人幸福的人，会与幸福相拥。践踏别人幸福的人，自己的幸福也会缩水。帮助别人、呵护他人的幸福，往往会给自己带来快乐。曾经读过这样两个小故事，被深深地感动了：妈妈将打碎的玻璃碎片用纸盒严严实实地包好，并写上"内有玻璃，小心划伤"的字样。

孩子问妈妈为什么不直接将碎片扫进垃圾桶时。妈妈说："如果

外面常有拾荒的老人，如果他们在翻垃圾时，被玻璃划伤了手，那多难受啊！这大冬天的，他们也挺不容易的，我们要尽量善待他人。虽然他们划破了手，不是我们的错，但是我们要尽量考虑到他们不被划到手。"妈妈说这话时，脸上的欣慰让孩子嗅到了幸福的味道。

一个有着5个孩子的穷苦父亲终于攒够了钱要带他的孩子们去电影院看电影，因为孩子们都已渴望已久，所以不禁欢呼雀跃起来，可是在买票时，发现电影票涨价了，他手中的钱不够，还差20法郎。当父亲尴尬、失望、羞愧、尴尬，甚至痛心地回过头，准备对兴奋的孩子们说"我们看不成电影"时，后面一位先生突然说："先生，这20法郎是您掉的吧，我帮您捡起来了。"那位父亲顿时明白过来了，充满感激地看了他一眼，随后带着孩子们进了电影院。但是，另一位并不富裕的父亲则带着自己的孩子笑着默默地离开了电影院。

最后，虽然他们自己并没有看成电影，但他们因为尽自己的努力帮助了别人，心里却有一部关于幸福的电影在播放，并且他们是主角，因为他们以自己的绵薄之力给他人带来了欢乐。

送人玫瑰，手有余香。呵护别人的幸福是一种美德，是一种由心底发出的对他人的关怀与爱。它不需要我们特意去做什么，只要我们面对他人的缺陷不嘲笑，他人的私事不乱传乱议，面对他人的困顿，不吝啬伸出我们的援手，仅此而已。那是一种由心底发出的对他人的关怀与爱。

懂得呵护他人幸福的人，一定会懂得如何珍惜自己的幸福。而呵护他人幸福的同时，也给我们自己带来了幸福。

播幸福的种子，入别人心田

一个健康的人和团队需要的是什么力量呢？人不是单独生存在这个社会上的，人与人之间有着千丝万缕的联系。人要想生活得幸福，就必须与别人好好地相处。情感上的交流是人与人之间产生联系的关键。世上有很多东西，给予他人时，往往是越分越少，而有一样东西，却是越分越多。你也许会惊奇地问："那是什么呢？"答案只有一个："那就是爱！"

爱，不是索取，不是等价交换，而是付出，是给予，是自我牺牲。宁静的力量、正义的力量、团结的力量、追求真理的力量、爱的力量、科学的力量、仁慈语言的力量……这些力量本身就可以使自己充实。只有自己充实了，才能做好自己的事，而这些力量也会帮助人们做成事。

记得去年有一次，我与同事去参加一个会议。在这次会议上，对方突然恶语伤人，暴跳如雷，甚至对我的同事进行人身攻击。而我的同事只是宁静地坐着，没有以牙还牙地谩骂，也没有离开自己的座位，只是在那里有礼貌地坐着。等到对方发泄结束后，有一阵让对方尴尬的空白，大约只有三五分钟，但当时的感觉好像是过了三五个小时。从对方的眼神、表情中我们看到了他内心的羞愧和不好意思，之后工作和会议又继续进行着。出了会议室，我对同事说："你做得很

好，因为你从心底相信正义的力量、仁慈语言的力量胜过恐吓和谩骂的力量。这不是软弱的表现，正是你强大、有力量的表现。"事实上也是如此。

的确，爱的力量一定会战胜枪炮的力量；战胜许许多多的困难；诚实品德的力量一定会战胜欺骗的力量，幸福的力量也会帮助我们战胜很多。科学和对真理追求的力量也一定会战胜迷信的力量。在我们的生活中，要时时刻刻提醒自己，用正义的力量去战胜邪恶的力量，也只有用正义的力量才能最终战胜邪恶的力量，为什么呢？这背后一定有一个奥秘，总是让那些无耻之徒陷入自己给自己设计的桎梏中。那些心灵纯洁、行为端正的人总是能得到大家的帮助，走进快乐和自由的王国。这也正应了孔子说过的那句话："君子坦荡荡，小人常戚戚。"

说到力量，很多人或许就会想起许三多——许三多是电视连续剧《士兵突击》里面的男一号，他心地单纯、做事老实，按照通常的观点看，几乎是一个完全没有力量的人。电视剧热播后，许三多这个角色成为社会上的热门人物。《新周刊》为此做了一个专题，叫作《钝感的力量》。这个"钝感的力量"，其实是对社会大多数人的拼命竞争、聪明劲十足、急功近利的一种反驳，宣扬的就是傻人有傻福。

许三多的人品很好，他行为简单、善良、诚实，还有平时做事认真踏实，在别人看来他总是看起来很傻，其实就是没有什么"自我"。很多人都以"自我"为中心，总是恨不得比别人更聪明。而他所表现出来的"傻"，反倒让人觉得特别可爱。这样的可爱，会给人

第六章　幸福是相互的

带来一种快乐，一种亲近的感觉。这样的人会把幸福的种子播撒在他人的心田。如果按照通常的观点看，几乎是一个完全没有力量的人，但是，许三多却给人一种很大的力量。

在人人都以自我为中心、以复杂化思维方式作为聪明表现的时代，他的"傻乎乎"反倒变成了"可爱"。当人们认为你可爱的时候，你就有福了，因为你有一粒幸福的种子播种在他人的心田了。

觉得傻乎乎的人可爱，似乎在全世界都是共通的，人们都会觉得傻乎乎的人是可爱的，是招人喜欢的。中国有许三多，美国有阿甘，都是这样的典型代表。也许有人会说许三多、阿甘天生就傻，这是上天赐给他们的，这种傻是不可复制的，他们的可爱是学不来的。一个聪明人无论如何也做不到那样的"傻"。已经聪明了，傻不了。即使傻，也只能装傻，而装傻是一种虚伪，是一种有心计的表现。我不提倡装傻，但我认为正常情况下，其实这种傻并不是一种真的傻，只是对某些事情的刺激反应可以稍微慢一点儿、"迟钝"一点儿。有时候的聪明往往是不成熟的表现，急忙去表现自己，你要明白，如果什么事情都一触即发地反应过来，那么就容易犯错。有些人没等别人的话说完就抢话了，这最容易造成误解，或者触怒对方。有些人自认为聪明，总是在别人都没反应过来的时候，就已经先人一步做某事了，其实，这往往是愚钝的表现。有些事可能刚出现时并不成熟，要有一个不断发展的过程。如果抢得太快，反而适得其反。你看有些人，瞪着眼睛看你说话，你以为他听进去了，他没有，他在找你说话的间歇来插言、来抢话。有些人，在别人盲目行动的时候，并不是反应迟钝，

而是在思考一种时机，一种制胜的办法。

他是一个全神贯注寻找发言机会的人，就像一个蹲在路边虎视眈眈准备拦路抢劫的强盗一样。

"傻"的人往往会自我收敛一些，反应就会慢一点儿。关键是这种人具有一种大智若愚的潜质。在别人看来，他们很傻，其实却是最幸福的，他们用自己的纯真、善良，将幸福的种子播撒在他人心间，让人们去相信这个世界的单纯和幸福。更重要的是要大家相信他人是善良的。因为人人都在追求幸福和快乐，遵循着幸福生活的良好动机。

"傻"的人虽然没有"聪明劲"，也是没有多少"自我表现"的强烈愿望，他们在默默的行事中体会快乐与幸福，而且会得到人们从心底的佩服和喜爱。他们是王小波所说的"沉默的大多数"，有特指这些人的话语权被剥夺的意思，但却不是被剥夺话语权的人，只是我很喜欢这个词组透露出来的另外的意味——那就是他们在沉默中做事，在沉默中过着隐秘、务实的人生，真正构成了这个社会最安定坚实的基础，是这个浮躁的社会中幸福的播种者。

第六章　幸福是相互的

成就他人，我亦有得

"成人之美"就是成全他人的好事，这种成全包含了想方设法帮助他人实现美好的愿望，甚至是有一种"杀身成仁"的牺牲精神。

"成人之美"不但是一种修养，更是一项美德。世上有一种办法可以影响别人，那就是想到别人的需要，然后热情地帮助别人，满足他们的需要。

在日常工作中，同事之间免不了互相帮忙。平常我们总说乐于助人，其实在办公室这个没有硝烟的战场上，我们同样可以既帮助别人，又帮自己。

假如一个同事请你提意见，诸如"你认为我的工作态度不对吗"、"是不是我不该以那种方式处理同老王的矛盾"……这些问题当然都不易处理，却也给了你一个帮助对方进步和表现气度的机会。最愚蠢的回答就是直接答"是"或"不是"，你的回答应有一些建设性，也就是说，你应该提出一个可行的办法。因为要是你的答案不能令对方畅快，他肯定不会接受你的意见，甚至认为你是敷衍他，白白辜负了他对你的信任。

当同事或周围的朋友遇到困难的时候，要表示你的关心，必须是诚挚的。这不仅使被关心的人心中感激关心的人，还会使关心的人充满成就感，双方都会从中受益。当你尽自己所能成人之美时，你在帮

幸福，你可以选择

助别人的同时，也是在帮助自己。因为在这个社会里，当接受你帮助的人对你十分感激时，你就会感受到一种温情，这种温情让你感觉更舒服。因为别人的幸福而使自己感到幸福，那种因为使别人幸福而令自身欣喜的感觉，这就是幸福的感觉。

拿破仑·希尔曾写道："为你自己找到幸福的最有保障的方法就是奉献你的精力，努力使其他人获得快乐。幸福是捉摸不定、透明的事物。如果你决心去追寻幸福，你将会发现它难以捉摸；如果你把幸福带给其他人，那么幸福自然就会来到。"

成人之美不只是在帮助别人，也是在提高自己的道德修养，还成就了自己的德行。当我们懂得以一个配角的身份去欣赏别人时，也是在慢慢地铲除内心的嫉妒。也就是把我们内心一个很不好的习气，一点儿一点儿地铲除。有些人嫉妒心太重，见不得别人好，别人比自己好，心里就不舒服。这种人就不懂得成人之美。这个嫉妒是很复杂的，嫉妒当中可能还含有我们的傲慢，所谓"文人相轻"。学问愈来愈宽大，心量应该是愈来愈宽广，绝对不是愈来愈自以为是。我们应该学会用宽大的胸怀去包容一切，不要在乎一时的得失，该成人之美时就成人之美。所以，当我们处处与人为善，就是在成就！学问，就是让自己的心愈来愈宽。所谓"量大福就大"，你的福有多大，是由你的心量来决定的。

所以，一看到别人有难处，我们竭尽全力去帮忙、去成就，成人之美是一种幸福。也许你只是退让了一小步，却迎来了很多人的尊重。你也因自己的善行而广结善缘，可以享受属于自己的幸福。

幸福在付出，不在索取

付出是一种超脱的心境，是一种温暖的行为，是一种对生活的态度。正是这种对人生的态度，决定了你一生是否幸福。付出的种类有很多，方式也各不相同。在大多数情况下，我们只是在为自己而付出。付出我们的努力，去换取我们所应得的回报，但在生活中我们也常常需要另外一种付出——为别人付出。这种付出可能得不到等值的回报，但却在付出的同时，获得自己所需的财富和精神上的满足。

星云大师造诣深厚，每天都有不少人慕名前来拜访。一天，一位有钱人找到星云大师，希望星云大师能够为他指点迷津。他抱怨道："我出身富庶，父母留给我的钱几辈子也花不完，为什么我感觉不到丝毫的幸福？"

星云大师问："你的钱都用在哪里了？"

富人说："投资扩大我的事业。"

星云大师继续问道："仅仅是这样吗？"

富人点了点头说："是的。"

星云大师微笑着点点头，给富人讲了一个故事：有两个准备转世投胎的人被召集到智者面前，智者说："你们当中有一个人要做一个索取的人，而另一个人要做一个给予的人，你们愿意如何选择？"第一个人想，索取可以坐享其成，非常舒服。于是，他抢着说，要过索

取的人生。另一个人也没有别的选择，于是只好做一个给予的人。智者满足了两人的选择。结果，第一个来生做了一个乞丐，整天索取，接受别人的施舍；第二个人则成了大富翁，布施行善，给予他人。

第一个人常常因为索取时遭到拒绝而感到困惑，每一次在乞讨时总是面临着难以言状的压力。第二个人则在布施行善时，感觉无比幸福。

这个故事教导我们要做一个给予的人。懂得给予，就受到人们的感激和热爱；而贪求索取，就会失去世间的温情，与幸福擦肩而过。给予的越多，收获的也越多；索取的越多，收获的就越少。没有付出的人生是不完整的人生，幸福也没有办法眷顾那些不懂得爱、不懂得付出的人。

的确，懂得付出的人，会感受到不计回报的满足，会在他人的感激中让快乐升华为幸福，升华为自己内心的幸福。即使你拥有了金钱、爱情、荣誉、成功和刺激，也许你还不会有幸福。幸福是人生的至高追求，也是内心的独特感受，只有给予和付出，你才能实现这一追求，才会使幸福来得更快。

真正理解生活的人会懂得付出比索取更有意义，因为生活就是这样，当你付出的时候，你的人生也会因付出而快乐。懂得付出的人都是幸福的，因为其中有一种无私的东西叫作爱；只懂得索取的往往是不幸的，因为他的索取只是一个人的杂耍，幸福不会眷顾自私的人。

付出的同时，幸福也得到了延长和增值。

第六章 幸福是相互的